MÁS DE 50

MW01612207

EL TRIUNFO DEL INMIGRANTE EN LOS ESTADOS UNIDOS

UNA GUÍA PARA CONOCER SUS DERECHOS

Manuel E. Solis
Abogado

Manuel E. Solís. Abogado
El triunfo del inmigrante en los Estados Unidos
Copyright © 2020 Manuel Solís

Manuelsolis.com
1-888-370-7022

ISBN: 978-0-578-77512-8

ACLARACIÓN LEGAL

La información provista en este libro es sólo para información general y de ninguna manera pretende ser asesoramiento legal o tomar el lugar de asesoramiento legal. Si el lector, o alguien que conoce, está enfrentando un problema legal, es sumamente importante que consulte a un abogado personalmente, ya que cada caso es diferente y diversos factores intervendrán en el veredicto final. El hecho de que se consiguieron los resultados presentados en este libro de ninguna manera significa que alguien recibirá un veredicto similar en un caso parecido. Además, las leyes pueden cambiar, afectando también el resultado de cada caso. El autor no asume ninguna responsabilidad con respecto a las acciones tomadas o no tomadas en base al contenido de este libro.

Se han incluido los casos a continuación con la autorización de las personas involucradas. Se han cambiado los nombres y modificado algunos datos con el fin de proteger su privacidad. Se ha tomado licencia literaria con los diálogos.

MANUEL E. SOLÍS
ABOGADO

EL TRIUNFO DEL INMIGRANTE EN LOS ESTADOS UNIDOS

UNA GUÍA PARA CONOCER SUS DERECHOS

DEDICATORIA

Dedico este libro principalmente a Dios Nuestro Señor:

Por haberme bendecido con mis padres, quienes me enseñaron a trabajar, a respetar, a ayudar y a servir.

Por haberme bendecido con mi esposa e hijos, que me tuvieron mucha paciencia y me motivaron durante toda mi carrera, y que fueron mi inspiración para trabajar y poder ayudar a otros.

Por haberme bendecido con un gran equipo de abogados y asistentes que, con su entusiasmo y colaboración, pudimos ayudar a miles de personas.

Por haberme bendecido al conocer a miles de inmigrantes que, con su valor y dedicación a sus familias, ganaron mi admiración.

¿En qué podemos ayudarle?

Main office

6657 Navigation Blvd
Houston, TX 77011
1-888-370-7022

Dallas

1120 Empire Central Place
Dallas, TX 75247

214-946-8070

El Paso

3634 Admiral
El Paso, TX 79925

1-888-370-7022

Harlingen

320 E. Jackson
Harlingen, TX 78550

956-686-1044

Chicago

W. 6000 Cermak Road
Cicero, IL 60804

708-795-0400

Denver

2201 Federal Blvd.
Denver, CO 80211

720-325-1728

Los Angeles

7128 Pacific Blvd. Suite C
Huntington Park, CA 90255

1-888-370-7022

www.manuelsolis.com

ÍNDICE

NUESTROS ABOGADOS

Manuel SOLÍS III

Juan SOLÍS

Ni YAN

Andrew FINK

Mark McBROOM

Ana RUEDA

NUESTROS ABOGADOS

Mysotis VARGAS

Stephen WALKER

Gregory FINNEY

Pedro LÓPEZ

Edwin ZAVALA

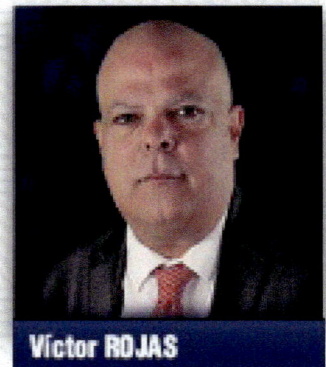

Víctor ROJAS

Lucy GOMEZ

NUESTROS MANAGERS
HOUSTON, TX

Luis SALAZAR

Roxana SANTAMARÍA

María PHANN

Flor WINTER

NUESTROS MANAGERS
HOUSTON, TX

Nicolás SANTAMARÍA

Katty CARRASCAL

Elizabeth HUERTAS

Omar CANO

Francisco SOTOMAYOR

NUESTROS MANAGERS

Maribel DEGOLLADO
DALLAS, TX

Julia PALOMARES
DALLAS, TX

Morena FERNÁNDEZ
LOS ÁNGELES, CA

Elver BARRERA
LOS ÁNGELES, CA

NUESTROS MANAGERS

Sonia ROMERO
HARLINGEN, TX

Elizabeth VAZQUEZ
CHICAGO, IL

Deborah MAYORAL
DENVER, CO

Jessica LÓPEZ
DENVER, CO

PRÓLOGO

Bendecido con la fuerza y la ayuda de Dios, e inspirado por el deseo de ayudar, me siento enormemente bendecido por haber podido servir de herramienta para cumplir las metas de muchos inmigrantes que llegan a los Estados Unidos, un país de grandes oportunidades. Me he propuesto ayudar a las familias a estar unidas, y por más de 30 años, mi equipo y yo hemos luchado y ganado más de 50,000 casos para nuestros clientes. Los logros que hemos obtenido con nuestro trabajo han impactado positivamente en la vida de miles de personas.

Esto no hubiera sido posible sin la labor incansable de mi equipo, integrado por abogados, asistentes y otros profesionales, que luchan junto a mí, en defensa de los inmigrantes. Gracias a tener clara la misión de ayudar a las familias, hoy podemos decir que contamos con ocho oficinas en cuatro Estados de la Unión Americana: Texas, Illinois, California y Colorado. Acercándonos a las comunidades de inmigrantes, hemos conseguido tender una mano amiga a quien necesita que le defendamos. De manera especial, le agradezco a cada uno de ellos la confianza que ha depositado en nosotros, al poner su futuro en nuestras manos.

Éste es un reto que he aceptado con profunda responsabilidad. Durante las casi tres décadas que han pasado desde que empecé a trabajar como abogado, he llegado a conocer bien a los inmigrantes. Sobre todo, he podido ser testigo del impresionante coraje y de la valentía que muestra la mayoría de ellos al haber llegado aquí. Algunos entran con visa de turista y se quedan en el país; otros –los que no la tienen– entran cruzando ilegalmente el río Bravo o caminando por las montañas y el desierto. Muchos arriesgan sus propias vidas con el objeto de luchar por el bienestar de sus familias. Por este motivo se han ganado mi respeto, admiración y compromiso. Los inmigrantes son personas con gran valor, que en muchos casos han tenido que abandonar todo para ingresar a un país extraño. Lo hacen con el fin de poder trabajar, ganar dinero y mantener a sus familias. Han tenido que vivir en condiciones precarias para que, de esa forma, ellos y sus seres queridos puedan optar por una mejor calidad de vida.

INTRODUCCIÓN

Al haber escuchado numerosos relatos sobre las vivencias de estos hombres y mujeres valientes, y haber visto que casi todas encierran una enseñanza invaluable, he pensado que muchas de esas experiencias pueden ser aprovechadas por quienes emprenden apenas el camino hacia un país extraño y también por quienes ya han alcanzado la meta y se encuentran con nuevos y diferentes problemas. Son experiencias que deben ser compartidas, para que lleguen a ser un ejemplo de vida. Ya sea para que ayuden a los recién llegados o a quienes ya se encuentran en la Unión Americana y que, de todos modos, necesitan la orientación y el apoyo de quien conozca a fondo las leyes y que sepa desenvolverse en las oficinas gubernamentales.

Con autorización de las personas involucradas, y habiendo cambiado los nombres y modificado un tanto los datos con el fin de proteger su privacidad, me he dado a la tarea de transcribir algunas historias que he conocido de primera mano, ya que forman un amplio abanico de experiencias que no puede ser desperdiciado. Espero que las historias recopiladas en este libro alcancen su propósito: ayudar al inmigrante o al futuro inmigrante y a sus familias.

Acaso, quien lea estas páginas encuentre algún relato que tenga similitud con su propia situación y vea que sí hay posibilidades para arreglar el problema; y que sepa que existen personas dispuestas a ayudarlo. En fin, que también sepa que sí puede haber una luz al final del camino.

Por otra parte, hay que recordar que no existen dos casos iguales: lo que funcionó para un inmigrante, puede no funcionar para otro; cada caso es especial. Hay que recordar, por lo tanto, que no existe una receta única para el éxito.

Entre todos formamos un equipo. Usted también tienen que poner de su parte. No se quede con la duda. Manténgase informado y consulte con un abogado. Usted tiene que dar el primer paso.

En alguna ocasión, puede haber llegado a mi oficina una persona cuyo caso no calificaba para poder solucionarlo y le dijimos que lo sentíamos mucho; pero que no podíamos ayudarlo. Sin embargo, puede suceder que, al poco tiempo, cambie la ley y entonces, en esos momentos, ya puede calificar ese asunto.

Usted puede mantenerse informado de la siguiente forma:

- Escuchar o participar en el programa que tengo en Internet, en donde contesto personalmente todas las preguntas y dudas que usted pueda tener. El programa se llama "Abogado Manuel Solís: Conozca Sus Derechos" y se trasmite de lunes a viernes de 12 a 13 horas, Tiempo

Central (CT). Lo puede encontrar en nuestra página de Facebook: @abogadomanuelsolisoficial y en Youtube: www.manuelsolislive.com. Ahí, doy orientación para los problemas que nos plantea el auditorio y también ayudo al inmigrante a mantenerse actualizado. Recuerde que usted puede llamarme al programa al teléfono 713-277-7857 o puede acudir en persona.

- Acudir periódicamente a nuestras oficinas –o con otro abogado calificado y bien preparado – cuando menos cada seis meses para revisar si han cambiado las leyes y ya se puede solucionar el asunto que antes parecía irresoluble. Recuerde que, si se cierra una puerta, puede abrirse otra diferente.

El que no lucha ni persevera no triunfará. Al mismo tiempo, buscar una buena asesoría puede mejorar las posibilidades de ganar, pero esto tampoco garantiza que se gane su caso. Recuerde que en todos estos casos, la decisión final está en las manos del juez. Algunos jueces tienen más compasión que otros.

El fin último de este libro es ayudar al inmigrante, de manera clara y sencilla, a ser capaz de encontrar una vida mejor en los Estados Unidos.

No les puedo prometer que ganaremos su caso. Pero sí les prometo que lucharemos todo lo posible para ayudarles. Los defenderemos con todo la pasión y el conocimiento que tenemos. Ésta es nuestra misión.

PRIMERA SECCIÓN:
HISTORIAS DE ACCIDENTES

En esta primera sección se han reunido las historias de personas que sufrieron accidentes a causa de la negligencia de otros. Casi todas tuvieron consecuencias muy difíciles y aun trágicas la mayoría de las veces. Estos casos pueden ser difíciles de litigar. En muchas ocasiones, para poder investigar lo sucedido, es necesario contratar a expertos e invertir mucho tiempo y dinero. Pero finalmente, nuestra meta es conseguir a las personas afectadas una generosa indemnización, para que puedan continuar con sus vidas y con las de sus familias de la mejor manera posible.

Empezamos con el relato de Antonio, quien había empezado a trabajar como electricista y llegó a ser jefe en la compañía donde trabajaba. Una potente descarga eléctrica le hace perder el brazo izquierdo y parte del hombro. Tras una serie de complicadas operaciones y muchas semanas de hospitalización, fue despedido de su trabajo. El caso de Antonio aún permanece abierto y, a finales de 2020, deberá volver a la corte.

Contamos el caso de Juan, que resultó terriblemente quemado debido a una explosión de gas. Es el relato de cómo la negligencia de unos empleados pudo perjudicar para siempre la vida de un hombre y cómo puso en riesgo a los vecinos del lugar. Nuestro equipo en Chicago hizo una cuidadosa investigación y demandó a la compañía de gas. Finalmente logró que Juan fuera indemnizado.

Otro caso de accidente automovilístico es el de Mario, quien murió cuando se volteó la troca en la que viajaba. Cinco niños quedaron sin padre debido a una llanta que estalló. El fabricante de la troca y la fábrica de llantas se culpaban mutuamente por la volcadura. Después de una minuciosa investigación realizada por nuestros abogados, se deslindaron responsabilidades y la familia de Mario obtuvo la indemnización que le correspondía.

SEGUNDA SECCIÓN:
HISTORIAS DE DERECHOS DEL TRABAJADOR

En esta sección contamos las historias de dos personas que sufrieron abusados en su lugar de trabajo y acudieron a nuestras oficinas para pedir asesoría. Todo trabajador en los Estados Unidos tiene protecciones y derechos otorgados por la Ley. Cuando éstos son violados, existen recursos legales para ayudarles a conseguir la justicia que se merecen.

Veremos el caso de Ricardo, un hombre mexicano que sacrificó sus propios sueños con el fin de darles una mejor vida a sus padres e hijos. Obtuvo un permiso especial para trabajar como obrero en los Estados Unidos, pero por muchos años, sufrió abusos de su patrón, quien además, nunca le pagó la cantidad indicada por la Ley por las horas trabajadas que exceden la semana laboral. Estamos en proceso de rectificar esta injusticia.

Sigue el caso de Gerardo, quien sufrió lo que nunca se imaginó: el acoso sexual de dos de sus supervisores. Cuando él se resistió y lo reportó, lo despidieron. Superar esta crisis ha sido un largo camino para Gerardo, pero por nuestra parte, estamos trabajando para que él consiga una indemnización justa, conforme a las provisiones de la Ley.

TERCERA SECCIÓN:
HISTORIAS DE RECLAMACIÓN DE DAÑOS

Como en muchos otros casos, las víctimas o sus familiares pusieron su confianza en nosotros para ayudarles a conseguir una medida de justicia en la reclamación de daños. Aunque a veces es necesario tratar con grandes aseguradoras y realizar cuidadosas investigaciones, nuestro despacho se dedica a obtener siempre la mejor indemnización para nuestros clientes.

En esta sección se narra la experiencia vivida por Eliza –una mujer de avanzada edad– cuando el huracán Harvey causó considerables daños a su casa. La compañía aseguradora se negaba a pagar. Afirmaba que la reclamación no procedía porque ya había sido cubierta anteriormente. Nuestros abogados tuvieron que demostrar que sí procedía la demanda que había presentado Eliza y ella obtuvo su indemnización.

Luego veremos el caso de Ingrid, quien también enfrentó la furia del huracán Harvey. Su casa sufrió fuertes daños afuera y adentro, y además perdió algunos muebles, pero la compañía aseguradora le informó que el deducible establecido en su póliza era suficiente para cubrir todos los daños y no le pagarían nada más. Ella ya se había dado por vencida, hasta que se enteró de que nuestros abogados le ayudarían a conseguir lo que le correspondía.

CUARTA SECCIÓN:
HISTORIAS DE INMIGRACIÓN

En esta última sección, se relatan cuatro historias inspiradoras de personas a quienes les ayudamos a resolver su situación migratoria y que ahora, junto con sus familias, gozan de ser residentes legales permanentes en los Estados Unidos.

Empezamos con la historia de Tamara, que cuenta por qué se vino huyendo de su país –Honduras–, en donde vio cómo eran muertos parientes cercanos a manos de grupos armados y cómo ella misma sufrió violencia y abuso sexual durante varios años. Después de un azaroso viaje, sola con dos niños, pudo conseguir la residencia permanente en los Estados Unidos por medio del asilo.

A continuación, está la historia de Rita, proveniente de Jalisco, México. Ella y sus dos hijos muy pequeños cruzaron el Río Bravo en condiciones muy riesgosas, para poder entrar a los Estados Unidos. Después de intentar rehacer su vida en dos ocasiones y con dos bebés más, Rita vivió episodios de violencia extrema. Sin embargo, orientada por los abogados de nuestras oficinas, como víctima de asalto, pudo conseguir la residencia permanente por medio de la "Visa U".

Sigue la historia de Zumara, quien dejó en Honduras a un hijo pequeño, al cuidado de los abuelos. Decide ir a buscar una vida mejor en los Estados Unidos y tardará trece años en lograrlo. Se dedica a limpiar casas para reunir dinero y enviarlo a su país. Una bebé no esperada hará más difícil su situación. La niña fue abusada sexualmente por un hombre que compartía el apartamento con Zumara y sus otras compañeras. Al demostrar que ella y su hija y ella habían sufrido abuso físico y mental, logró conseguir la residencia permanente por medio de la "Visa U".

El siguiente caso habla de Jorge, campesino de un poblado muy pobre de la sierra de Guerrero, México. Llegó ayudado por unos "coyotes" –hombres dedicados a pasar inmigrantes, en forma ilegal, a la Unión Americana–. Después de muchos años de ser residente permanente, al regresar una vez de México a los Estados Unidos, lo pusieron en detención. Le querían quitar la residencia por un delito que había cometido cuando era joven. Demostró nuestro despacho que se había rehabilitado y obtuvimos la Cancelación de Remoción, una forma de perdón, por lo que no le quitaron su residencia permanente y no fue deportado.

PRIMERA SECCIÓN

HISTORIAS DE ACCIDENTES

NUESTROS CLIENTES

María DOMÍNGUEZ
Ya es ciudadana

Michelle LOZANO
Ya es ciudadana

Leonardo AGUIRRE
Arregló por la familia

Dagoberto LIMÓN
Ya es ciudadano

Alma ALVARADO
Arregló por la familia

Cecilia LIMÓN
Arregló por la familia

JUAN

A principios de los años 70, Juan Valtierra llegó muy joven a los Estados Unidos. Había nacido en México y, como muchos otros, decidió emigrar para buscar mejores oportunidades. Siempre había sido emprendedor y lleno de ambición, por eso, estando aquí, aprendió varios oficios que desempeñó con entusiasmo.

Después de muchos años de duro trabajo y excelentes decisiones financieras, Juan pudo invertir en varios edificios multifamiliares en la ciudad de Chicago. En realidad, no eran edificios grandes, pues la mayoría sólo tenía tres pisos y seis departamentos. Además, eran inmuebles viejos; pero Juan, aprovechando todo su conocimiento y experiencia, se empeñó en arreglarlos para que estuvieran en buenas condiciones. Era muy responsable y trabajador y se interesaba sinceramente por la condición de sus departamentos y el bienestar de sus inquilinos. Pero, lamentablemente, en menos de un instante, su vida cambió para siempre.

LAS ACTIVIDADES DE UN PROPIETARIO RESPONSABLE

Todo empezó durante una fría mañana de invierno en el mes de febrero de 2007. Sin duda, uno de los grandes problemas de Illinois durante la época invernal es la congelación de tuberías de agua. Al congelarse, el agua puede reventar las cañerías y causar grandes daños. No hay manera de predecir si los tubos se reventarán o no. Cuando las temperaturas llegan a menos de 32 grados Fahrenheit (esto es, a 0 centígrados) se presenta un riesgo mucho más alto de que se revienten. Por eso, es necesario ser muy cautelosos.

Esa mañana, como siempre, Juan empezó su rutina diaria de trabajo normal a las 5:00 de la mañana. Una hora después, su esposa le llamó:

–Dime, mi amor, ¿qué pasó?

–Prieto, me acaban de avisar que no hay agua en la propiedad de la calle Erie…

–No puede ser; qué problema. Ni remedio, ya voy para allá… De seguro se congelaron los tubos. Voy de inmediato, antes de que se revienten. Si no, es peor…

–Cuídate mucho, Prieto. Y ya verás lo que te voy a hacer de cenar para esta noche. Tus enchiladas favoritas, las que llevan cebolla y verduritas encima.

La noche anterior las temperaturas habían bajado mucho. Juan hizo lo que acostumbraba hacer cuando había un incidente: ir de inmediato al lugar donde existía el problema para resolverlo.

Cuando llegó a su edificio, encontró una gran cantidad de hielo colgando de uno de los tubos de agua en el sótano. Con cuidado, Juan colocó un calentador para que calentara lentamente el tubo de hierro. Él sabía que, si se calentaba mucho el tubo con demasiada rapidez, podía reventarse. Después de un par de horas, empezó un leve goteo de agua y, finalmente, el agua se restableció por completo en todo el edificio.

Al terminar ahí su trabajo, Juan se dirigió al departamento de su hija, quien vivía en otro de los edificios de su propiedad. Desayunó, pasó un tiempo con sus nietos y tomó una siesta. Entonces recibió otra llamada de su esposa:

–Prieto, me acaban de avisar que se congeló un tubo en otro edificio. Te necesitan allá…

–Qué barbaridad!, con este frío hay problemas en muchas tuberías…

De inmediato se dispuso Juan a ir a reparar el daño. Sabía que el tubo de agua se había reventado a causa del hielo. Después de revisar el problema, fue a la ferretería a conseguir todo el material que necesitaba. Aunque pasó ocho horas haciendo todas las reparaciones necesarias en esa propiedad, seguía con el pendiente del primer edificio donde había estado muchas horas antes.

–Es mejor que regrese –se dijo Juan a sí mismo–. Tengo que asegurarme de que todo quedó bien con las tuberías. Sobre todo con estas temperaturas…

Así era Juan: le gustaba cerciorarse de que todo marchara a la perfección y siempre se empeñaba en que sus edificios se encontraran en buen estado porque le interesaba el bienestar de sus inquilinos.

LAS DECISIONES IRRESPONSABLES DE UNOS TÉCNICOS

Lo que Juan no sabía era que unas horas antes, mientras él estaba trabajando en el segundo edificio, algunos de los inquilinos del primer edificio donde había estado, se dieron cuenta de que había un fuerte olor a gas. Sin perder más tiempo, uno de ellos llamó a los bomberos. Llegaron muy pronto los bomberos, pero después de examinar la situación determinaron que no era asunto de ellos y se reportó el problema a la compañía de gas.

Los técnicos tardaron varias horas en acudir a la llamada –de hecho, ya era casi medianoche–. Cuando llegaron los empleados de la gasera, uno de los inquilinos les explicó:

–Qué bueno que ya llegaron, muchachos. Desde hace varias horas se percibe un fuerte olor a gas. Debe haber una fuga.

–Es verdad, está fuerte el olor…, permítanos pasar. Vamos a revisar –contestaron los técnicos.

Ellos detectaron el intenso olor a gas y determinaron que emanaba del primer departamento en el primer piso; pero no intentaron entrar, sino que le preguntaron al inquilino dónde estaban los medidores de gas. Él los condujo a una puerta exterior que daba al sótano y a los medidores. Era la misma puerta por donde había entrado Juan más temprano ese día.

Cuando los técnicos vieron que el reloj del medidor de dicho departamento del primer piso giraba muy rápido, determinaron que había una línea abierta de gas, lo cual significaba que gas estaba entrando a ese departamento sin control. Inmediatamente procedieron a cerrar la entrada de gas de la vivienda correspondiente, conforme a sus protocolos.

–Siquiera ya cerramos esta entrada. Y, ahora, ¿qué hacemos? –preguntó uno de los técnicos.

–Pues vámonos al carro –contestó su compañero–. Hay que esperar que salga el gas. Hay que buscar de dónde se estaba escapando.

–Sí, tienes razón. Aquí hace mucho frío y de todos modos tenemos que hablarle al supervisor para avisarle lo que encontramos aquí… Además, no sé tú, pero yo tengo mucha hambre; ni siquiera terminé mi sándwich.

Hasta ahí, los técnicos habían cumplido rigurosamente con el protocolo de la compañía de gas. Pero, después de cortar el gas, en lugar de seguir los procedimientos establecidos, los técnicos tomaron una terrible decisión: no hicieron nada más, sino que abandonaron el edificio para esperar afuera, en su camioneta. No quedó claro cuál era exactamente su plan.

Lo que sí quedó totalmente claro fue que no siguieron los protocolos de seguridad para esos casos, aunque ellos debieron haber reconocido que la situación en ese departamento del primer piso era muy peligrosa. Los técnicos sabían que el gas había estado entrando durante varias horas y que, por lo tanto, hasta una pequeña chispa –incluso al prender una luz o encender un cigarrillo–, podía ser explosiva. Aunque ya no seguía entrando gas al departamento, nadie se ocupó de ventilarlo o tomar otras medidas para que no hubiera peligro.

De hecho, hubo varios protocolos de seguridad establecidos y bien reconocidos que los técnicos debieron haber seguido, pero que no hicieron. Después de cerrar el gas, los técnicos no llamaron al departamento de bomberos ni a la policía. Tampoco evacuaron el edificio. No bloquearon de inmediato el área del edificio. No implementaron un plan de seguridad para que los inquilinos y otras personas que pudieran entrar al edificio estuvieran seguros. Lo único que hicieron los técnicos fue ir al carro y esperar.

SU PLAN ERA NO TARDARSE

Además, como nadie había llamado a Juan o a su esposa para avisarle que había una fuga de gas en ese edificio, él no estaba enterado. Y a pesar de que era ya pasada la medianoche, como el hombre responsable que había sido siempre, sin importarle el cansancio, Juan le dijo a su esposa:

–Hola, mi amor. Sólo hablo para avisarte que no tardo. Llego en unos momentos. Ve calentando mi cena –dijo Juan– Sólo quiero asegurarme de que la tubería que deshelé hoy sigue en buen estado. Ya sabes que siempre está el peligro de que se vuelva volver a congelar.

–Ay, Prieto ve qué horas son… Y con el frío que está haciendo…

–No importa, ya sabes que si me quedo con la duda, no me descansaré a gusto.

Y, efectivamente, el frío era intenso, igual que su cansancio después de un día tan largo de trabajo, pero él sabía que no podría dormir tranquilamente, hasta que tuviera plena seguridad de que el agua del edificio estaba funcionando sin problema.

Aproximadamente unos 15 minutos después de que los técnicos hubieron salido del edificio, llegó Juan; pero no vio nada extraño ni se dio cuenta de que había unos hombres dentro de una troca estacionada fuera.

Debido a la hora, él se imaginaba que todos sus inquilinos estarían acostados, durmiendo. Entró al sótano y revisó todo; pero, ya casi para salir, se dio cuenta de que la puerta de uno de los dos departamentos del primer piso estaba abierta.

–¿Qué está pasando, ahora? –se dijo Juan–. Esto es muy raro... ¿Por qué estará abierta esa puerta si ya es tan noche? Debe estar entrando mucho frío por el pasillo. Será mejor que vaya a ver.

Preocupado, decidió investigar. Y, sin entrar todavía al departamento, golpeó con los nudillos en la puerta, mientras decía:

–¡Hola! ¡Buenas noches! ¿Hay alguien aquí? –gritó Juan en voz lo suficientemente alta para que las personas que estuvieran dentro, si las había, lo escucharan; pero a la vez procurando no despertar a otros inquilinos. Repitió su llamada varias veces, pero no hubo respuesta.

Cuando nadie contestó su llamada, ni acudió a la puerta después de tocar un par de veces más, se preocupó. Supo que debía entrar a investigar. Tan pronto como entró a la vivienda, se llevó una sorpresa muy desagradable. El departamento estaba vacío: no había persona alguna ni muebles.

–Pero qué barbaridad –siguió hablando Juan consigo mismo–, qué mugrero hay aquí… Papeles, cáscaras de naranja, latas de cerveza por todas partes. Estos inquilinos han dejado mucha basura.

De inmediato pudo deducir lo que había pasado:

–Ya sé lo que pasó… Como ya estamos a mediados del mes y estos inquilinos todavía no han pagado la renta, se dieron a la fuga. Ya se escaparon. Han huido sin avisar con tal de no pagar lo que me debían.

Consecuencias trágicas

Molesto porque los inquilinos se habían fugado, aunado al hecho que estaba muy cansado, Juan no se percató de una situación mucho más grave: el olor de la fuga de gas.

Casi sin pensarlo, Juan sacó un cigarrillo, se lo puso en la boca y lo encendió. En un instante, se produjo una gran explosión; había detonado una verdadera bomba de tiempo. Envuelto en un gran resplandor, el mundo desapareció de pronto para él.

Milagrosamente, y por la gracia de Dios, Juan fue capaz de dar unos pasos y pudo salir caminando del departamento, gravísimamente herido, pero todavía con vida. Aunque el edificio quedó muy dañado, en particular ese departamento, nadie más sufrió heridas serias. Cuando Juan salió del edificio, los técnicos, asustados por la explosión, vieron a un hombre tambaleándose y rápidamente se bajaron de su carro –de hecho, algunos restos de la explosión llegaron hasta donde estaban ellos–, y acudieron a su lado.

–¡Rápido! Habla al 911.

–¡Ya, ya estoy hablando!

–Diga, ¿cuál es su emergencia?

–Aquí, en la calle Erie. Hemos tenido una explosión.... Manden de inmediato a los bomberos... ¡Apúrense!... Y también una ambulancia... ¡Urgente!... Tenemos un hombre quemado... ¡Rápido!, por favor.

–Estamos mandando de inmediato la ambulancia...

Llegaron los del servicio médico y los bomberos. Éstos fueron quienes descubrieron la causa de la fuga de gas cuando entraron al departamento: alguien había desconectado la estufa y el calentador de la línea de gas, sin antes haber cerrado el gas. Como consecuencia, durante varias horas había salido el combustible directa y desmedidamente al departamento por medio de esa línea abierta.

Juan fue llevado rápidamente al hospital en condición crítica. Sufrió quemaduras por todo el cuerpo y tuvo que permanecer en el hospital durante meses enteros. Sus heridas fueron catastróficas, ya que sufrió quemaduras en el 42 por ciento de su cuerpo, incluyendo algunas de cuarto grado.

Ante la gravedad de sus heridas, los médicos le dijeron a su esposa:

–Señora, su esposo está tan mal que lo mejor es mantenerlo algún tiempo en coma inducido.

–Por favor, doctores, hagan lo que tengan que hacer, pero por favor, salven a mi esposo –contestó ella.

–Haremos todo lo que esté en nuestras manos.

Cuando los médicos se retiraron, ella empezó a rezar:

–Por favor, Dios mío… No te lleves a mi Prieto… Diosito, escúchame, nunca te he pedido nada con tanta devoción. Pero ahora te pido que me ayudes, por favor. Que ilumines a esos médicos para que sepan cómo salvar a mi Prieto…

Y así lo mantuvieron a Juan en coma inducido durante varias semanas. El tratamiento médico –que incluyó muchos injertos de piel y múltiples cirugías– se prolongó por más de dos años. Fue necesario amputarle varios dedos de la mano izquierda y resolver quirúrgicamente las heridas de la garganta, la cual quedó muy dañada. Aun así, Juan quedó permanentemente desfigurado. Era innegable que debía enfrentarse al hecho de que su salud y su calidad de su vida jamás volverían a ser como antes.

CÓMO ENFRENTAR A UN GIGANTE

Fueron procedimientos que tardaron larguísimos y dolorosos meses. Sin embargo, durante ese tiempo, en algún momento, alguien le había informado a Juan que, efectivamente, la compañía de gas había ido a investigar una fuga poco antes de la explosión. Y por esas fechas, en el otoño de 2008, Juan vio un comercial en la televisión acerca de la firma de abogados del abogado Manuel Solís, por lo que acudió a nuestras oficinas en Chicago a fines del 2008, en busca de respuestas.

–Estoy buscando una firma que pueda ir en contra de una corporación gigante como es la compañía de gas. Necesito contratar a un abogado que pueda conseguir que se me haga justicia.

–Pues ha llegado usted al sitio adecuado –le contestó la persona que lo recibió.

Fue atendido por el abogado Andrew Fink, quien entonces estaba –y sigue estando– al frente del departamento de lesiones personales. Andrew ya había trabajado como abogado litigante por más de 14 años y más adelante había dejado otra firma prominente para formar parte de nuestro equipo de abogados.

Después de un par de reuniones en nuestras oficinas, Juan supo que podía confiarnos su caso y trabajar con el abogado Andrew –Andy– y nuestra firma. En una de las reuniones, le dijo a Juan:

–Me siento confiado en que podré obtener justicia para usted por todas las lesiones que ha sufrido. Le aseguro, señor Valtierra, que vamos a pelear tan fuertemente como sea necesario para ganar su caso y para conseguir la justicia que merece.

Al hacer nuestra investigación inicial, nuestro despacho determinó que la compañía de gas tenía la culpa de lo que había ocurrido. Aunque todavía no contábamos con toda la información necesaria, creíamos que teníamos los datos suficientes para comprobar que la compañía de gas había sido negligente en la forma en que había manejado la fuga de gas.

Juan estaba muy preocupado por los honorarios que iba a cobrar nuestro despacho; pero le aseguró Andrew:

–Usted no tendrá que desembolsar ni un centavo de su propio bolsillo para sufragar todos los gastos, señor Valtierra. Cuando tratamos casos en los que buscamos una indemnización monetaria para nuestro cliente, esperamos hasta que se resuelva el caso.

–Y ¿ustedes no ganan nada? –preguntó Juan sorprendido.

–Sí ganamos: un porcentaje de la indemnización se queda con nosotros para cubrir todos nuestros gastos –respondió el abogado.

–¿Cómo es posible que yo no tenga que pagar? –preguntó él sorprendido.

–Así es: no hay ningún riesgo para usted.

Andy siguió explicando:

–Efectivamente, no hay riesgos para nuestros clientes, aunque sí para nosotros, porque si se pierde el caso, nosotros no recibimos ningún dinero que pueda reembolsar todo el tiempo y dinero que invertimos en cada caso.

–Eso está muy bien –dijo Juan.

–Tengo una pregunta para usted: ¿Por qué tardó tanto en buscar ayuda, señor Juan?

–Es que tuve muchos tratamientos médicos y muchas operaciones y todavía me tienen que hacer varios procedimientos. Todo ha sido muy tardado. No había tenido oportunidad de ver nada con abogados…

–Pues no tenemos tiempo que perder –siguió diciendo Andy–. Faltan únicamente tres meses para interponer la demanda. Tenemos que apurarnos.

Es muy importante tomar en cuenta que hay plazos legales establecidos que limitan estrictamente el tiempo en el cual se puede meter una demanda. Estos plazos varían mucho, dependiendo del estado donde se va a interponer la demanda y la naturaleza de la negligencia. En la mayoría de los casos de lesiones personales en los estados de Texas e Illinois, el plazo es de dos años a partir del accidente.

El despacho del abogado Manuel Solís siempre recomienda: **"Es importante que se tome en cuenta que hay algunas excepciones para este plazo; por lo que siempre es conveniente informarse en un despacho de abogados, aunque ya hayan pasado más de los dos años."**

Unos días más tarde, se dio una llamada telefónica de Andy a Manuel Solís:

–Buenos días, Manuel.

–Hola, Andy, ¿cómo estás?

–Bien, gracias… Nada más quería avisarte que acaban de contratarnos para un caso donde un hombre ha sufrido quemaduras muy graves por una explosión de gas.

–Y, ¿cómo pasó?

–Por lo que me han dicho ese hombre y su esposa, todo se debió a negligencia de la compañía de gas... Él está muy dañado y ha sufrido muchísimas operaciones quirúrgicas.

–Andy, pues haz todo lo que puedas para ayudar a ese pobre hombre. Ya sabes que te tengo toda la confianza del mundo. Eres uno de mis mejores litigantes...

–Gracias, Manuel.

–Así es, Andy. Yo sé que tú harás todo lo posible por ayudarle. Por mi lado, ya sabes que cuentas con todo el apoyo y con todos los recursos que necesites. No te detengas por dinero. Gasta todo lo que sea necesario.

–Eso haré, Manuel.

–Síguele así y, si encuentras negligencia, haz que esos cabrones paguen. A ver si con eso tienen más cuidado la siguiente vez.

–De acuerdo, Manuel. Gracias por tu confianza, ya sabes que no te voy a fallar. Y esos cabrones ya verán... No saben lo que les espera.

Juan había llevado su asunto al despacho del abogado Solís apenas unos tres meses antes de que se venciera ese plazo. Sin embargo, el poco tiempo que quedaba no detuvo a los abogados. El abogado Solís y Andrew creían firmemente en ese caso se pudo interponer la demanda a tiempo.

GANAR REQUIERE TRABAJO

De esa forma, Andy siguió trabajando en el caso y unos días después le llamó a Juan:

–Señor Valtierra, quiero avisarle que ya pusimos la demanda... La compañía respondió al poco tiempo y afirman rotundamente que ellos no cometieron ninguna falta; que no hicieron nada mal.

–Muchas gracias, abogado. Qué bueno que sí pudieron meter la demanda. Y, ¿qué piensa usted de que ellos no tienen culpa de nada?

–Pues mire usted, Juan... Yo no le puedo prometer que podremos ganar su caso, porque apenas estamos investigando –dijo Andy–. Pero sí le puedo prometer que vamos a hacer una investigación muy rigurosa y vamos a pelear muy fuerte por defenderlo. Vamos a lograr que la compañía le pague por sus daños.

–Y ¿cuánto tiempo cree usted que van a tardar? –preguntó Juan.

–Bueno, pues normalmente este tipo de casos llegan a tardar unos dos o tres años, cuando menos. Pero hay otros que tardan más, como puede pasar con el suyo.

–¿Se llevan tanto tiempo, abogado Andrew?

–Así es, Juan. No crea que es un procedimiento sencillo. ¿quiere que le explique?

–Sí, abogado, por favor.

–Es necesario dedicar mucho tiempo al proceso de descubrimiento. Esto es muy tardado.

– Sí, ya me imagino – comentó Juan.

– En su caso, hay que revisar miles de páginas en donde está documentado todo. Luego sigue –continuó explicando Andy– la "fase de declaraciones".

–Y qué es eso –preguntó el señor Valtierra.

–Pues una declaración es donde uno de los abogados hace preguntas a un testigo u otra persona clave –bajo juramento–, en presencia de un reportero de la corte. Durante una declaración, los abogados de las dos partes: la del reclamante y la del demandado pueden hacer preguntas.

–Pues eso parece complicado, ¿no es así?

–Es verdad pero es un paso muy necesario.

En el caso de Juan, se tomarían más de 35 declaraciones.

Además, hay otra clase de herramientas. Una herramienta que ayuda mucho para preparar para las declaraciones y los juicios en casos como el de Juan son los grupos de enfoque. Consisten en un conjunto de seis a ocho personas de la comunidad a quienes pagamos para que nos den sus opiniones honestas y objetivas acerca de varios asuntos relacionados con el caso. Esos grupos ayudan a nuestros abogados a entender los casos desde la perspectiva de personas "laicas", esto es, sin conocimientos sobre las leyes.

En general, también ayudan a nuestros abogados a saber dónde ven inconsistencias y debilidades en el caso y a descubrir cuáles son los hechos más importantes del caso para la comunidad, tanto los hechos negativos –malos–, como los positivos –buenos–. Con esa información, podemos investigar más a fondo los detalles de los hechos negativos para poder darles una explicación. A la vez, ayuda a nuestros abogados a desarrollar los hechos positivos y también las teorías positivas, para usar después esta información en las declaraciones de testigos.

EL GRUPO DE ENFOQUE

El abogado Andrew Fink tomó la decisión de que era muy necesario conducir un grupo de enfoque para el caso de Juan. Sin embargo, antes de hacer esto, habló nuevamente con el abogado Solís, ya que se iba a tener que gastar bastante dinero.

–Quiero avisarte, Manuel, que este caso va a salir más caro de lo que habíamos pensado.

–Andrew, no me tienes que decir eso. Ya te he dicho que hagas los gastos que consideres necesarios.

–Sí, pero de cualquier manera quiero ponerte al tanto de cómo vamos, Manuel.

–Te escucho…

–Contratamos a ocho personas –empezó a explicar Andy–, a quienes presentamos los hechos del caso de una manera objetiva, sin presentar argumentos. Fue una sesión que tardó alrededor de dos horas. Unas de las preguntas que se hicieron fue:

"¿Qué clase de propietario es Juan?"

"¿Es un propietario 'ausente', a quien no le interesa la condición de sus propiedades?

"O, por el contrario, ¿es un propietario que verdaderamente se ocupa del bienestar de sus inquilinos?"

–Y ¿qué sucedió después de eso, Andy?

–Pues también pasamos mucho tiempo enfocándonos en la clase de actividades que Juan hacía para atender a sus edificios. Y descubrimos, por medio del mismo Juan y de otros testigos, que él era un propietario muy responsable.

–Todo esto da una buena imagen de Juan, ¿no es verdad?

–Sí, claro… Y otra pregunta que le hicieron también a Juan fue: "¿Por qué entró él al departamento a esas horas de la noche?" –siguió relatando Andy–. Y Juan contestó que había entrado porque había ido para revisar todo y para saber qué sucedía, porque la puerta del departamento estaba un poco abierta. Dijo que si la puerta hubiera estado cerrada, él no hubiera entrado…

–Qué buen trabajo estás haciendo, Andy. Hay que dedicarle todo el tiempo y el dinero que sean necesarios. No hay que escatimar nada.

De esa forma, se siguió trabajando en el caso de Juan Valtierra y, durante esas semanas, Andy estuvo en continua comunicación con el abogado Solís.

Una tarde, Andy recibió una llamada del abogado Solís:

–Hola, Andy. ¿Cómo estás? Te hablo para ver cómo vas con el caso de Juan Valtierra…

–Hola, Manuel. Pues verás… Básicamente la compañía tiene dos argumentos para defenderse: El primero de ellos fue presentar a Juan como un propietario irresponsable y negligente –continuó Andy–. Insinuaron que Juan era quien había ido ese día a desconectar los aparatos sin cerrar la llave del gas.

–Pero, ¿qué están pensando? –preguntó el abogado Solís– ¿Para qué iba a desconectar la estufa y el calentador? Esto no tiene ninguna lógica… Pero, a ver, Andy, continúa…

–Dijeron que, como encontraron algunas latas de cerveza en el refrigerador, sugirieron que Juan había estado bebiendo mientras trabajaba en el departamento, lo cual seguramente causó que fuera tan descuidado.

–No es posible –repuso Manuel Solís.

–Sí, claro. Sugirieron que su descuido había sido lo que había provocado la explosión y que, aparte, había puesto en peligro su propia vida y aun la de los inquilinos del edificio.

–¡Están locos! ¡Qué idiotas! Con ese frío que hacía, quién va a creer que Juan se había puesto a tomar cerveza en el departamento poco antes del accidente. Y a esas horas…, en vez de estar en su casa, calientito en su cama, descansando después de un largo día que había empezado a las 5 de la mañana.

–Pues así fue, Manuel. Eso dijeron. Y su segundo argumento fue que sus técnicos no habían hecho nada incorrecto.

–Ni siquiera se puede comentar esto, Andy, de tan absurdo. Totalmente absurdo –exclamó Manuel. Sigue adelante con el caso. Te felicito, Andy, estás haciendo un trabajo excelente.

Para contrarrestar esos argumentos, el abogado Andrew tomó muchas declaraciones de testigos y de empleados de la compañía de gas.

Por su parte, Juan también tuvo que presentarse para su propia declaración. Las preguntas las harían los abogados de la compañía de gas. Para contrarrestar el primer argumento de que Juan había estado trabajando en el departamento y que él fue quien había desconectado la estufa y el calentador de la línea de gas, Andrew tuvo que preparar cuidadosamente a Juan para su declaración. Tardó varios meses esta preparación, ya que fue necesario repasar con Juan muchos documentos, archivos médicos y los reportes de varias personas. Le dijo que era muy importante que dijera la verdad. El día de la declaración, Juan testificó y contestó todo muy bien.

También preparó con mucho cuidado a varios testigos que iban a declarar –incluso Andrew iba a sus casas para prepararlos y revisar con ellos importantes documentos–. No hubo ni un solo testigo que dijera que había visto a Juan en el edificio durante las horas anteriores a la explosión.

Poco después, Juan se comunicó con Andrew y le pidió:

–Yo quiero estar en todas las declaraciones. Yo quiero que se demuestre lo que me hicieron. Y también quiero mirar directamente a cada persona mientras está testificando.

–Por supuesto, Juan. Usted tiene todo el derecho de estar

ahí. Aunque puede llegar a ser muy doloroso recordar en detalle todo lo que pasó.

–No importa, abogado. Creo que puedo soportarlo.

–Está bien, Juan. Y también podemos pedir un *break* si está muy fatigado.

Y siguió diciendo Andy:

–Un reclamante lesionado tiene todo el derecho de estar en las declaraciones de los testigos y demandados, aunque esto no pasa con mucha frecuencia.

–Muchas gracias abogado –se despidió Juan.

Días más tarde, Andrew telefoneó nuevamente a Manuel Solís:

BUENAS NOTICIAS

–Hola, Manuel. Acabo de salir de corte y por fin logré convencer al juez que nos dejara obtener la declaración de uno de los gerentes de alto nivel en la compañía. Y no nada más eso –siguió diciendo Andy–. Hasta entonces, ellos habían mantenido la postura de que los protocolos de seguridad existentes sólo eran para fugas externas de gas, un argumento muy fuerte que usaban para deslindar su responsabilidad. De cualquier manera, convencí al juez.

–¡Qué bueno! Muy bien… Felicidades, Andy. Hiciste muy buen trabajo. Batallaste mucho, pero valió la pena.

–Sí, creo que sí. Gracias, Manuel. Por poquito se niega el juez; pero, por la gravedad de las heridas y porque se trataba de procedimientos de seguridad muy complicados, logré convencerlo. El juez decidió que eso era lo apropiado.

–Perfecto. Avísame cómo te va en la declaración.

Siguieron unas semanas de trabajo muy intenso para Andrew, en las que siempre estaba en comunicación con el abogado Solís.

Durante otra llamada telefónica, Andy explicó:

–Manuel, te cuento que el gerente del que te había hablado, finalmente tuvo que admitir que las fugas interiores de gas son más peligrosas que las exteriores. Aunque seguían insistiendo que no eran responsables, éste fue un momento clave en nuestro caso.

–¡Wow! Esto es muy importante, Andy. Ya no tienen dónde esconderse y van a tener que aceptar su responsabilidad. ¡Felicidades, Andy!

Poco tiempo después, Andy le llama nuevamente a Solís:

–Manuel, te tengo buenas noticias. Después de la declaración del gerente, la compañía está dispuesta a resolver este caso en mediación.

–Perfecto, Andy. Y ¿qué tan bueno es el experto que contrataste?

–Oh, Manuel, sin duda es uno de los mejores. Ya tengo el reporte. Como sabes, desde el principio de la litigación, se contrató a un ingeniero experto en explosiones –continuó diciendo Andrew–. Y él pudo estimar cuánto gas se había acumulado probablemente en el departamento durante el día y cuál era el nivel de explosividad, basado en varias fotografías, el tiempo que había transcurrido y los protocolos de seguridad requeridos.

–Sí, es verdad –repuso Manuel.

–Y no sólo eso, sino que además, revisó los estándares federales de seguridad y los comparó con lo que sí se hizo y lo que no se hizo, basado en las declaraciones que se habían tomado –continuó Andy–. También se basó en varios documentos que proporcionó la misma compañía de gas. Finalmente, preparó su reporte, con base en un modelo que potencialmente hubiera simulado la explosión. Él era muy calificado y usó principios científicos para sustentar nuestro caso.

–Un verdadero experto, ¿no es así?

–Por supuesto. Y fue en ese punto cuando la compañía de gas sugirió que intentáramos resolver el caso a través de la mediación. Pero, antes teníamos que preguntarnos, ¿cómo se puede cuantificar la justicia? La verdad es que ninguna suma de dinero podría compensar todo lo que Juan había sufrido y perdido. Pero, sí sería una medida de justicia y, al menos, ayudaría a Juan a seguir adelante con su vida. Había que considerar también que determinar una cantidad justa para Juan requería horas adicionales de trabajo y de cálculo. Consideramos varios factores, incluyendo –aunque no limitado a– reportes publicados de otros veredictos y acuerdos de lesiones similares.

–Muy bien hecho, Andy –comentó Manuel–. Sabemos bien que, cuando se piden daños, se toman en cuenta varios factores, como gastos médicos, el dolor y sufrimiento físico y mental de la persona afectada y, como en el caso de Juan, desfiguramiento. Otro factor importante era el impacto financiero de su incapacidad.

–Sí –repuso Andrew– Por eso era necesario calcular cuánto dinero había perdido ya y cuánto dinero dejaría de ganar en el futuro, ya que no podría volver a trabajar como antes. Contando con esos datos, ya estábamos listos para negociar.

–Pienso que debes explicarle a Juan todo esto –indicó Solís– y decirle que, también, hay otra clase de daños que se pueden pedir en algunos casos, que son los llamados daños punitivos. Estos daños sólo se permiten si el juez determina que el demandado obró con negligencia flagrante, sin importarle los peligros inminentes de su descuido.

LA MEDIACIÓN

Efectivamente, Andrew se comunicó con Juan Valtierra y le explicó los procedimientos seguidos. Además, le habló de la mediación. Le dijo:

– Mire, Juan, se trata de un procedimiento más informal que la corte, en el cual las dos partes tratan de resolver una disputa civil. Tiene la ventaja de que es más sencilla y más rápida que un juicio. En vez de presentar el caso a un juez o a un jurado, una persona capacitada —por lo general un ex-juez—sirve de mediador. Con la mediación se intenta llegar a un acuerdo aceptable para las dos partes.

–Creo que es mejor, ¿verdad, abogado?

–Sí, Juan. Y vamos a hacer una presentación en power-point. De esa manera, usted podrá comprender todo con más claridad y podrá tomar una decisión final.

El abogado Andrew se reunió en varias ocasiones con Juan para hablarle de la estrategia que se iba a seguir y se subrayó la importancia de tener un equipo unido. También comentó el derecho que tenía él como cliente de no aceptar lo que le ofrecieran. Si sucedía así –le dijo a Juan–, su caso podría seguir en un juicio en la corte.

En el caso de Juan, la mediación duró dos días y medio. A pesar de todas las nuestras declaraciones y de la presencia de evidencia, la compañía se resistió en un principio. Pero el abogado Andrew estaba resuelto a conseguir justicia en la mediación o, de lo contrario, se iría a juicio. No había otra opción. Ya se le había demostrado a la compañía que no importaba qué poderosa fuera ni cuánto dinero se tendría que gastar. El caso de Juan Valtierra estaba muy bien preparado y se pelearía hasta el final.

Después de la mediación, una vez más, Andy le llamó a Solís:

–Manuel, por fin hemos terminado la mediación.

–Perfecto –respondió el abogado Solís–. ¿Cuánto ofrecieron?

–Bastante dinero y, de acuerdo con otros casos similares que se han llevado a juicio, está muy bien.

–Increíblemente bien, Andy –le respondió Manuel–.

Y ¿qué dice Juan?, pues es él quien tiene que decir la última palabra, como tú bien sabes… ¿Él acepta o quiere que sigamos peleando?

–Ya hablé con él y está de acuerdo con lo que ofrecen –respondió Andy muy satisfecho.

–Ya sabemos que la vida de Juan nunca será igual; pero al menos con la cantidad que recibirá, va a obtener algo de justicia.

–Así es, Manuel.

–Gracias a Dios y a tu gran esfuerzo, Andy. Muchas felicidades… Eres uno de mis mejores abogados.

–Gracias, Manuel. El cliente también me pidió que te diera las gracias por todo tu apoyo en pelear este caso.

–Es un placer. Para eso estamos aquí: para servir y ayudar a quien lo necesite. Con la ayuda de Dios y abogados como tú, Andy, seguiremos peleando por nuestros clientes…

ANTONIO

Antonio era originario de El Salvador y no se vio obligado a salir de su país debido a algún problema político; pero era un joven que no se conformaba con lo que tenía y decidió buscar nuevas oportunidades.

–Mire, mamá, ya lo he pensado mucho. Aquí, aunque trabaje muy duro, no gano lo que yo quiero. No me puedo conformar con esto.

–Pero, muchacho, si aquí tienes lo suficiente para vivir. No importa que no saques mucho dinero, puedes seguir viviendo con nosotros. Aunque te cases, trae a la muchacha y hazle una casita. Tenemos suficiente terreno.

–Sí, lo sé; pero…, es que no es eso lo que quiero. Sí, me gusta el campo y estar con ustedes; pero aquí no hay oportunidades. Yo me quiero ir, mamá. Ya lo pensé bien. Me voy a ir a los Estados Unidos, como mis tíos. Usted misma lo ha visto, cómo ellos le mandan dólares cada mes a su familia. O también está el tío Lorenzo, que se fue joven y allá consiguió a la novia. Ahora viven muy bien con sus dos chamacos.

–Sí, pero mi hermana extraña mucho a su hijo y todavía no conoce a sus nietos.

–Pero eso se puede arreglar: ya vendrán ellos o irá mi tía a visitarlos. Mire, mamá, hable usted con mi papá y explíquele lo que le acabo de decir; por favor, mamacita…

Tras algunas discusiones con su padre, unos días después, Antonio metió en una mochila algo de ropa, guardó muy bien el poco dinero que tenía y se puso en camino. Lo había logrado: dos semanas más tarde había podido por fin cruzar la frontera. Lo había logrado: ya estaba en la Unión Americana.

"Y ahora, ¿por dónde empiezo? –pensó Antonio– Ya sé, voy a buscar al tío Lorenzo; qué bueno que apunté bien su dirección. A ver cómo le hago para llegar con él."

Tan sólo con algunos dólares que había logrado cambiar y la mochila a la espalda llegó a la casa de Lorenzo. Al día siguiente, sin saber más que unas pocas palabras en inglés, se presentó en la empresa donde trabajaba un amigo de su tío, quien le dijo:

–Mira, Antonio, aquí tienes que empezar desde abajo. No hay de otra; pero si eres chambeador, te fijas bien cómo se hace el trabajo y te apuras con el inglés, puedes subir poco a poco. Tú nada más llega temprano y demuestra que no le tienes miedo al trabajo. Hazme caso, muchacho

Al principio, le dieron un puesto de ayudante de esa empresa que resultó ser una gran petrolera trasnacional. Pero a Antonio no le importaba hacer el trabajo más pesado, con

–Yo sólo buscaba una solución a mi caso... Es mejor que busque otro abogado.

Por fortuna, el hermano de Antonio conocía el trabajo que hacemos en nuestro despacho, a donde pronto se comunicó para pedir una cita. Al llegar, pasó al despacho del abogado Manuel Solís:

–Buenas tardes, señora; buenas tardes, Antonio. Pasen ustedes. Siéntense aquí.

–Buenas tardes, abogado. Vengo a buscar su apoyo para una demanda de un accidente que tuve. Mi hermano me recomendó con usted. Actualmente me lleva el caso un abogado con quien no estoy conforme.

–Muy bien; pero, desafortunadamente, no lo puedo ayudar hasta que tú prescindas de los servicios de tu abogado. Debes de tomar esa decisión antes de que yo pueda seguir hablando contigo. Por favor, regresa cuando lo hayas despedido.

–Eso voy a hacer; pero desde este momento le digo que ya he decidido no continuar con él. Estoy muy inconforme con sus servicios.

Al llegar a su casa, como ya había tomado la decisión de no continuar con aquel abogado, le mandó por correo el aviso de que no quería continuar con él. En pocas palabras, lo estaba despidiendo.

Al día siguiente llamó para concertar una nueva cita Antonio y su esposa en el despacho del abogado Solís. Al presentarse en sus oficinas, fueron nuevamente recibidos en su oficina por el abogado Solís.

–¿Qué tal, Antonio? ¿Qué noticias me tiene?

–Buenas tardes, vengo a decirle que ya le di las gracias al abogado que llevaba mi caso y vengo a buscar su apoyo.

–Adelante, por favor, para eso estamos aquí, para ayudarlo. Primero coménteme ¿por qué decidió prescindir de los servicios de ese abogado?

Después de escuchar la detallada explicación de Antonio, el abogado Solís le informó:

ACLARACIONES IMPORTANTES

–Vamos proceder con la demanda. Empezaremos por hacer una investigación y, sabiendo que esa petrolera tiene un seguro, vamos a involucrar también a las empresas responsables del diseño, instalación y mantenimiento de esos equipos. Veremos los defectos y posibles negligencias en estos temas. Ellos tienen el Texas Workers Compensation, que va a cubrir la responsabilidad de la petrolera; pero vamos a ver también a las otras compañías y lo vamos a ayudar. Se lo aseguro, Antonio.

–Gracias, abogado. Qué bueno que vine con ustedes.

–Espere, Antonio. Necesito saber primero, ¿cómo está económicamente en estos momentos? Si lo necesita, de acuerdo a la ley, le podemos hacer un préstamo.

–No, muchas gracias, abogado –contestó Antonio– de momento estoy bien. Tengo mi casa pagada... Por ahora, no necesito; pero, de ser el caso, le molestaría.

–Muy bien, si cambia de parecer sólo es cuestión de que me lo indiques.

–Muchas gracias –repuso Antonio, mientras pensaba cómo seguir con la conversación–. Pero, lo que sí quiero saber es cuánto hay que pagarle por sus servicios. En total, cuánto me va a costar todo esto y cómo se lo tengo que pagar.

–Mire, Antonio, esto puede tener un costo aproximado de $200,000 dólares.

–Pero, abogado…, es que yo no tengo esa cantidad de dinero –exclamó Antonio mientras volteaba a ver a su esposa, que escuchaba en silencio.

–No se preocupe, nosotros pagamos todo y si no ganamos el caso no nos paga nada. Al ganar nosotros obtenemos un porcentaje de la demanda. Además, vamos a involucrar a otra firma de abogados para conformar un equipo. Hacemos esto porque las empresas tendrán un equipo muy grande. No hay nada de qué preocuparse. Le aseguro que vamos a investigar y vamos a pelear para ganar su caso.

A pesar de las palabras del abogado, Antonio y su esposa estaban cada vez más preocupados. Ella no intervenía, sólo volteaba a ver a uno y a otro.

–Es que…, al tener dos firmas, esto implicaría un mayor costo para mí, ¿no es verdad, abogado?

–No, no, Antonio. En absoluto, no será así –aclaró el abogado–. De ninguna manera va usted a pagar más: será el mismo porcentaje.

–¿Cómo es eso?

–Le explico por qué: yo compartiría ese porcentaje con la firma que nos apoye. Investigaremos el caso con todo cuidado y, si encontramos alguna negligencia, los llevaremos a corte. Exigiremos una compensación por daños y sufrimiento.

–Qué alivio saber eso, abogado.

UNA INJUSTICIA INESPERADA

–Hay algo que quiero preguntarle, Antonio, –dijo el abogado–, ¿por qué ha esperado tanto tiempo para empezar la demanda?

Antonio no sabía cómo empezar, pero después de hacer una pausa, contestó:

–Al principio decidí no hacer nada. Los primeros meses me sentía tranquilo, pues el seguro estaba cubriendo mis gastos médicos y mi sueldo durante el tiempo de recuperación.

–Pero, ¿por qué cambió de opinión?

–Pues verá usted, abogado: La empresa me había prometido que tan pronto como pudiera trabajar de nuevo, me darían otro puesto que no exigiera tanta fuerza; algo más sencillo, para que yo pudiera seguir trabajando. Me decía que no me preocupara, que ellos se iban a ocupar de mí.

–Y, usted, Antonio, ¿les creyó?

–Sí, abogado, creí todo eso y no tenía por qué dudarlo, pues todos mis gastos médicos estaban siendo cubiertos por el seguro del trabajador, que como usted sabe era del

Texas Workers Compensation. Además, me dijeron que me cubrirían la mayor parte de mi sueldo perdido por esa larga temporada.

–Y, ¿qué pasó entonces? –preguntó el abogado.

–Pues, para mi sorpresa, al poco tiempo, mientras continuaba recuperándome, la compañía me informó: "Está usted despedido." Yo no lo podía creer. No solamente me habían despedido a mí, sino que también a mi jefe, quien me había prometido ayudarme, y a un compañero de trabajo.

Antonio hizo una pausa antes de proseguir:

–En un principio yo no había desconfiado, pues el seguro había estado pagando como le dije. Usted debe conocer este seguro.

–Sí, por supuesto que lo conozco –contestó el abogado Solís–. Sin embargo, aunque la bondad de este seguro es que, por lo general, un empleado afectado recibe estos beneficios sin tener que pelearlos en la corte, hay algo más: Cuando una empresa está cubierta con este seguro, por ley, un trabajador no puede demandar a la empresa por otros factores, tales como el impacto del dolor y sufrimiento y, como en su caso, Antonio, el desfiguramiento. Tampoco cubre un sueldo "de por vida", salvo en situaciones muy extremos, como por ejemplo, la amputación de dos articulaciones.

Antonio escuchaba atentamente esas palabras. El abogado siguió diciendo:

–En esos casos, la única manera en la que el trabajador puede recibir indemnización es si hay otra u otras compañías o contratistas que participaron en el accidente. Por supuesto que nos vamos a dedicar a analizar su caso…

EN BUSCA DE LA VERDAD …

Se empezó a trabajar activamente en el caso de Antonio y el despacho investigó que la petrolera había contratado a otra compañía para que instalara el equipo eléctrico en el cual él estaba trabajando.

Supimos también que habían sido los ejecutivos de la corporación nacional los que habían tomaron acciones en contra de Antonio y que le habían informado que, como ya habían terminado la investigación interna del asunto, habían determinado que toda la culpa había sido de las tres personas despedidas: Antonio, su jefe y su compañero de trabajo. Alegaban que ellos mismos habían provocaron el accidente por negligencia y que, por lo tanto, la empresa no tenía ninguna responsabilidad.

Por supuesto, esta determinación de la petrolera también había favorecido a las compañías que habían fabricado las piezas eléctricas y a las empresas que las habían instalado, porque los libraba de toda responsabilidad.

Afortunadamente, Antonio llegó con nosotros antes de que hubieran pasado dos años del accidente. En el estado de Texas, hay un límite legal de dos años para interponer una demanda por un accidente de trabajo.

Cuando hicimos nuestra propia investigación, tuvimos que revisar toda la obra en donde se había producido el accidente.

Nos llevó mucho tiempo, pero al final encontramos que había un problema de diseño con la caja eléctrica. Era un modelo viejo con unos rieles que salían del interior de la caja, para que pudieran ser agregadas otras cajas. Si se usaba otro modelo igual, no pasaba nada; pero en esa ocasión, se habían agregado piezas de otro modelo más nuevo, que no encajaban perfectamente bien, de modo que los rieles quedaban expuestos.

Nuestro cliente había tropezado con uno de los rieles y eso le había hecho caer sobre la caja, que además estaba abierta; por ello recibió la terrible descarga. El fierro con el que había tropezado era precisamente el riel de la caja.

Ramón, el ayudante de Antonio, relató todavía muy impresionado que, al ver cómo, –cuando Antonio se tropezó con los cables–, su cuerpo fue sacudido violentamente y quedó tirado a un lado. Alcanzó a ver un hoyo negro en su espalda:

–En esos momentos no pensé en nada; boté por cualquier parte el traje de protección y corrí, creyendo que Antonio estaba muerto –relató Ramón–. Salí gritando: "¡Auxilio, auxilio!" Y sólo recuerdo que yo daba vueltas, corría de un lugar a otro y volvía a gritar: "¡Rápido, que venga alguien! ¡Socorro! ¡Antonio está muerto!"

–Luego –continúa la narración de Ramón–, cogí mi teléfono y llamé a Alexander: "¡Auxilio, Alexander! ¡Ven pronto! ¡Antonio se accidentó! ¡Está muerto! ¡Rápido, ven!"

Alexander es un norteamericano, ingeniero eléctrico, que ya tenía años trabajando en la planta, también él nos dio su testimonio:

–Yo no me explicaba cómo Antonio podía estar muerto, si yo acababa de estar con él y con Ramón unos momentos antes. Pero corrí tan rápido como pude, para regresar al área de trabajo donde los había dejado. Pero, como es una distancia de más de 600 yardas, me faltaba el aire y no podía correr más rápido. Iba jadeando; me detenía unos segundos para respirar y, jalando aire, volvía a correr otro tramo. Casi sin aliento, por fin llegué. Encontré a Ramón fuera del edificio, corriendo como loco, de un lado a otro, gritando: "¡Auxilio, auxilio!" Pero yo no me detuve; me seguí derecho hacia el edificio, entré. Encontré a Antonio tirado, dentro de la caja eléctrica. Vi dónde su mano había tocado los cables eléctricos y tenía una gran mancha negra en la espalda –después supe que era un hoyo que había abierto la electricidad que le había subido desde el brazo y que había salido por ese agujero–, explicó el ingeniero.

–Lo primero que pensé –continúa relatando– fue retirar el cuerpo de ahí, pues la mano y el brazo de Antonio seguían dentro de la caja. Usé un traje de protección que estaba tirado a un lado y jalé el cuerpo de Antonio con todas mis fuerzas y a la vez con mucho miedo. Yo estaba seguro que estaba muerto, pero no me importó; debía quitarlo de ahí. Y yo le gritaba desesperado: "¡Antonio! ¡Antonio!" Después escuché un helicóptero y luego entraron los paramédicos. Dijeron que Antonio estaba vivo todavía y que debían llevarlo inmediatamente a un centro médico especializado en quemaduras…

Nuestro despacho había tenido que hacer una difícil y cuidadosa investigación por nuestra cuenta, pues –como dijimos anteriormente–, Antonio no recordaba nada y la petrolera, lógicamente, no quería colaborar con nosotros. Pero valió la pena.

UN PROCESO COMPLICADO, PERO EFECTIVO

Durante cuatro años hemos estado peleando en los juzgados contra la empresa petrolera. Hubo veces que, durante las audiencias, se llegaron a presentar hasta ocho o diez abogados, que representaban a más de siete compañías que demandamos; por ejemplo, la que diseñó el equipo, la que lo instaló o la que hacía el mantenimiento, pues probablemente alguien de mantenimiento había dejado la caja abierta donde Antonio metió la mano al caerse. En cambio, de nuestro equipo de despachos casi siempre nos presentábamos a las audiencias dos o tres abogados.

A lo largo de un proceso complicado y difícil, hemos escuchado declaraciones de muchos litigantes. Estábamos dedicados a buscar la verdad y queríamos investigar el porqué del accidente. Teníamos que entender exactamente cómo había pasado todo y quiénes eran los responsables.

En casos como éstos, parte de la investigación incluye una oportunidad donde podemos hacerles preguntas a los testigos, empleados, diseñadores de equipo o cualquier persona que tenga información sobre lo ocurrido. En esa audiencia de Antonio, nos presentamos nosotros y los abogados de la compañía que estábamos demandando. Al inicio del proceso, las personas tienen que estar bajo juramento y en seguida empiezan las preguntas.

Los testigos de las compañías petroleras testificaron que Antonio también tenía parte la culpa porque él no llevaba puesto su traje de protección, aunque la máquina ya tenía corriente. Insistieron que la parte del trabajo que les correspondía ya había terminado y ya le habían entregado el aparato a la compañía de Antonio dos semanas antes para que la encendieran y que, por lo tanto, ellos ya no tenían nada que ver con ese equipo.

Esto representaba un problema muy serio para Antonio, porque sí era cierto que ya se le había entregado el equipo de seguridad a la compañía de Antonio y que, como la instalación ya estaba con corriente lista para ser encendida, Antonio debería haber tenido puesto su traje de protección, siempre y cuando la puerta estuviera abierta. Pero, al investigar más a fondo nos dimos cuenta de que habían dicho varias mentiras y de que había algunos problemas con lo que habían declarado los testigos de la compañía.

Nuestro despacho decidió tener otra conversación con Antonio después de haber seguido investigando y de haber analizado toda la documentación que nos habían mandado;

–Buenas tardes, abogados.

–¿Cómo está, Antonio? Pase usted –dijo uno de nuestros abogados–. Escuche lo que va a decirle el abogado Solís.

–Le tenemos muy buenas noticias. ¿Se acuerda cuando uno de los testigos dijo que habían entregado la máquina y que ya estaba lista? Dijeron que ellos no estaban cerca de esa máquina y que se la habían entregado dos semanas antes para que la encendiera. ¿Lo recuerda?

–Sí, sí, claro que yo recuerdo eso –contestó Antonio, afirmando también con la cabeza.

–Pues nuestro equipo de investigadores encontró que eso no era cierto; que esa máquina no la había entregado, pues la estaban trabajando entonces todavía y que ellos, el mismo día que usted tuvo el accidente habían estado trabajando en el mismo edificio que esa máquina.

–Pero, ¿cómo es posible?

–Así es, Antonio: Tenemos documentos que demuestran que ellos habían mentido y que realmente no habían entregado la máquina. Y que, como no la habían entregado, no debería de haber tenido corriente.

Siguió explicando el abogado:

–Así es. Esto va ayudar mucho a su caso.

–Pero, no puedo creerlo, abogado. ¿Cómo es posible que hayan mentido de esa manera? –dijo Antonio, muy sorprendido.

–Afortunadamente, todo está bien documentado con los documentos que nos mandaron y ya le había encargado a varios abogados que leyeran cuidadosamente toda la documentación y, por eso, pudimos descubrir los documentos que lo demuestran.

Cada vez más asombrado, Antonio se puso de pie y siguió escuchando atentamente:

–Aparte de eso –continuó explicando el abogado–, parece que también hubo una falla de la compañía que manufacturó la máquina, que tenía un defecto y en estos momentos seguimos investigando eso. Parece que vamos muy bien con su caso.

–Pero ¿qué me dice, abogado?

–Sí, Antonio. Creemos que vamos a poder demostrar, entre otras cosas, que en su caso hubo negligencia y que alguien dejó la puerta abierta. Además, demostraremos también que no entregaron el equipo cuando ellos afirmaban que sí lo habían entregado. Fue una serie de mentiras, pues dijeron también que estaban trabajando en un determinado sitio, cuando en realidad no estaban trabajando en otra parte. Todas estas falsedades están bien documentadas en los papeles que hemos obtenido.

–Ay, abogado, ¡gracias a Dios! Esto no lo puedo creer.

–Sí, y parece también que vamos a poder demostrar que la compañía que fabricó el equipo lo hizo mal.

–¡Qué bueno! Han hecho muy buen trabajo estoy muy contento y muy agradecido con ustedes.

–Así es, Antonio, nuestro despacho siempre trabaja con mucho cuidado para defender los casos de las personas que acuden a nosotros.

El caso de Antonio aún no está cerrado y, a principios de 2021, deberá volver a la corte; pero tenemos toda la confianza de que se hará justicia. Antonio sigue sufriendo física y emocionalmente las secuelas de sus múltiples lesiones. Todavía está tomando medicamentos, sobre todo contra el dolor, y ya no ha podido trabajar desde el accidente, lo cual le ha ocasionado períodos prolongados de depresión. Nuestra meta final es conseguirle una indemnización justa para que pueda llevar adelante su vida.

UN CONSEJO IMPORTANTE

Si nuestro cliente hubiera esperado más de dos años para interponer la demanda, todo hubiera sido mucho más complicado. Es necesario recordar que, en caso de un accidente laboral, es muy importante meter una demanda dentro del plazo de dos años establecido por la ley. Si no se hace dentro de ese plazo de tiempo, se pierde para siempre la oportunidad, salvo muy pocas excepciones.

Pero también es importante tomar en cuenta que los abogados necesitamos tiempo para preparar la demanda, así que cuanto antes se acuda a buscar ayuda profesional después del accidente, es mejor. Eso también nos ayuda al entrevistar al cliente, a los testigos y otros involucrados, porque con el paso del tiempo, detalles importantes se pueden olvidar, se puede perder el contacto con testigos clave o incluso se puede perder o descartar evidencia material relacionada con el caso.

Lamentablemente, existen muchas personas que nunca verán la justicia que se merecen, porque no acudieron con sus abogados a tiempo para meter la demanda.

MARIO

T odos conocemos a alguien que ha tenido un accidente con el carro o, tal vez, hayamos sufrido uno en carne propia. Pero, a veces, los accidentes son más que un mero accidente; no sólo por su gravedad, sino también por su causa. El siguiente caso resultó en una verdadera tragedia, porque no fue sólo una, sino dos las multinacionales las que quisieron ahorrarse unos dólares aquí y allá.

Mario era un excelente esposo y padre de familia. En verdad quería a su esposa, Minerva, y a sus cinco hijos, quienes contaban entre cinco y catorce años de edad. Pero en el caso de Mario, ser responsable y buen proveedor para la familia representaba también sacrificio. Como sabía que no había manera de encontrar un buen sustento para su familia en su pueblo de Dolores de Hidalgo, Guanajuato, tomó la difícil decisión de salir a trabajar a los Estados Unidos, aunque eso representara pasar mucho tiempo lejos de su familia. Él tenía papeles para residir legalmente en los Estados Unidos –no así su familia–, lo que le facilitaba obtener un buen trabajo. Pero eso sí, cada vez que había alguna oportunidad, regresaba a su pueblo para ver a su familia. Tanto con sus palabras, como con sus hechos, les hacía saber que eran lo primero y más importante para él, aunque fuera necesario pasar tanto tiempo lejos de ellos.

–Qué bueno que pudiste venir, papacito. Me encanta que estés aquí, aunque sea por poquitos días –le dijo Rosaura, la mayor de las niñas.

–A mí también, m'hijita. Lástima que no me puedo quedar más tiempo. Ya sabes que si trabajo tan duro allá del otro lado es para que no les falte nada.

–Y nada les falta a los niños, Mario, ni a mí tampoco– intervino su esposa–. Nos alcanza para todos, hasta para tus papás.

–Eso es lo que me anima a trabajar más. Y cuando yo ande por allá, quiero que Raúl cuide de ustedes. Es el hombre de la casa mientras yo no esté, ¿no es verdad, hijo?

–Claro que sí, papá. No se preocupe; aquí yo ayudo siempre en todo a mi mamá. Váyase tranquilo…

LA NOTICIA QUE CAMBIÓ TODO

Minerva y sus hijos todavía estaban repasando los gratos recuerdos de la más reciente visita de su papá –tan sólo unos días antes–, cuando uno de los hermanos de Minerva llegó con una noticia que nadie quiere recibir: Su amado esposo, el querido papá de sus hijos, había sufrido un accidente…

–Pero… ¿cómo? ¿Qué le pasó a Mario? Seguramente se cayó del techo de una casa. ¡Dime! ¿No te quedes callado!

¿Cómo está Mario?

—No, Minerva, no se cayó de ninguna parte. Fue un accidente de carretera, la que va de Houston a San Antonio.

—Y, ¿qué tiene? ¿Salió herido? ¿Está muy mal?

En ese momento llegó el otro hermano de Minerva y le dijeron que Mario había fallecido. Y que, por desgracia, también había muerto en el accidente el sobrino de Mario, hijo de otro de sus hermanos.

Ella recuerda muy bien la fecha: ocurrió el 4 de noviembre de 1999. Minerva era entonces una joven madre de unos escasos treinta años y sintió en esos momentos que su mundo se derrumbaba. Veía esa casa, que tan sólo unos días antes había estado llena de las alegres risas de cinco niños que jugaban con su papá, todos felices... Ahora estaba llena de llanto. ¿Cómo seguir adelante en esos momentos?

Los siguientes días fueron de pesadilla. Pero en medio de la nube de la tristeza, a los pocos días Minerva reconoció que precisamente en esos momentos debía esforzarse y tratar de enfrentarse a una nueva realidad. Si no, ¿qué iba a ser de ella y sus hijos?

—Mira, Minerva, como bien sabes, la muerte de Mario ha sido un golpe terrible para mí y para mi esposa; ya ves que ella está inconsolable... —le dijo su suegro al verla tan preocupada—. Pero si estás muy preocupada por el dinero, a ver qué hacemos. Ya saldremos adelante, con la ayuda de Dios. No nos ha de faltar.

Por supuesto, sabía que sus familiares los apoyarían. De eso no tenía duda; pero no podía dejar que sus suegros la mantuvieran a ella y a sus hijos. Por más triste que estuviera, tenía que reconocer que, después de todo, a falta de Mario, ella se había convertido en cabeza de familia. El futuro de ella y de su familia estaba en sus propias manos.

Muchos pensamientos cruzaban por su cabeza. A la vez que trataba de adaptarse a ese brusco cambio de vida, se preguntaba cómo habría ocurrido el accidente. "¿Cómo habrá pasado todo? No sé casi nada –pensaba Minerva–. Por lo poco que me dijeron, en el accidente no estaba involucrado otro vehículo: únicamente el de Mario."

Todo era muy raro, porque Mario siempre había sido muy responsable en su trabajo y en todo –incluyendo por supuesto en su manera de conducir– y ella simplemente no se explicaba el porqué había sucedido eso.

Empezó a pensar: Siendo que su esposo había vivido y trabajado legalmente en los Estados Unidos y que allí había ocurrido el accidente, ella razonó que el Consulado Americano la podría asistir para conocer mejor los pormenores del accidente y orientarle sobre si les correspondería una pensión económica como familia inmediata de una persona que tenía años trabajando legalmente en los Estados Unidos. "Sin duda –pensaba Minerva–, debe haber algún apoyo económico para nosotros." Además, el sueño de su esposo también había sido, eventualmente, lograr que toda su familia se fuera a vivir con él en los Estados Unidos. Y Minerva quería saber si este sueño aún se podía cumplir, en estas circunstancias: ya sin él.

Esa joven madre, de apenas 30 años en aquel entonces, era valiente y decidida, así que debía actuar; no se iba a quedar con la duda. Tenía que ir a investigar. Llena de determinación, fue al Consulado en México para obtener respuestas a sus preguntas. Además, quería un permiso especial para ir temporalmente a los Estados Unidos a investigar mejor sus opciones.

Pero cuando llegó al consulado, no quisieron brindarle la orientación que ella solicitaba. "No, señora, aquí no tenemos los datos que usted nos solicita. Vamos a tratar de investigar. Vuelva la semana entrante, a ver si ya hay alguna noticia." No se dio por vencida e insistió. Regresó varias veces, pero nunca le dieron importancia a su caso y casi no pudo conseguir información. A pesar de los pocos datos que tenía del accidente; a pesar de ser viuda –de alguien que había estado viviendo años y trabajando legalmente en los Estados Unidos– con cinco hijos pequeños y a pesar de que necesitaba ayuda, simplemente le dijeron: "No" y le cerraron la puerta.

UNA DECISIÓN DIFÍCIL

Pero Minerva no era una mujer que pudiera quedarse con un "no" por respuesta. Finalmente tomó una decisión muy difícil. En un principio, ella había intentado solucionar su problema de la manera que le pareció más correcta y adecuada; pero no había recibido ni la menor ayuda. "Lo haré entonces a mi manera" –se dijo. A los seis meses del fallecimiento de su esposo, se despidió de sus hijos, a quienes dejó con su madre y, como tantos otros migrantes, se dirigió a la frontera norte. Al llegar ahí, se encontró con uno de los mayores problemas: cruzar el Río Bravo

–Es mejor si lo cruzas en mitad de la noche –le dijo una persona que también iba a cruzarlo–. Me advirtieron que debemos cuidarnos de la patrulla fronteriza y de los helicópteros, que te echan la luz desde arriba y dan el aviso. Vete para allá; acuérdate que no quieren que se den cuenta que somos diez los que veníamos juntos.

–Sí, es verdad. Ya voy…

–Pero rápido, muchacha, no te quedes ahí parada, a ver dónde te metes hasta que se haga de noche

–Gracias por decirme; yo creo que me esconderé allá entre esos matorrales en lo que se hace de noche –contestó Minerva.

El río se veía imponente. En esa época del año el nivel del agua estaba muy alto; pero no podía esperar a que bajaran las aguas. Decidió cruzarlo esa misma noche.

Y así lo hizo: sin saber exactamente cómo, venciendo el miedo y encomendándose a Dios sacó fuerzas de flaqueza y dio el primer paso.

Al llegar al otro lado, estaba temblando, no sabía si de miedo o de frío, a pesar del calor que había hecho durante el día. Otros también habían logrado cruzar y, casi sin hablarse, empezaron a caminar en medio de la oscuridad. Y fue una noche y otra y otra más de caminar sin descanso y sin más luz que la de las estrellas. De día sí descansaban –si a eso se le podía llamar descansar tirados entre el polvo, asediados por la sed– escondidos siempre entre los matorrales o en una especie de cueva, si tenían suerte.

Después de interminables once días por fin llegaron a un sitio donde los esperaban con agua y un poco de comida. Esto los alivió bastante. Había un carro para llevarlos a Houston.

–Qué suerte tienes, muchacha. Tus tenis no se rompieron. Mira los míos, en cachitos… Y mira nada más cómo tengo los pies –le dijo una mujer que había caminado junto a ella–. Y le mostraba los pies destrozados y sangrantes, como los de casi todos los compañeros que aún seguían juntos.

Al llegar por fin a Houston, Minerva sabía que debía buscar a unas amistades de su esposo, quienes había prometido alojarla por unos días. Y así fue, en lo que ella encontraba un trabajo y, tal vez más adelante, un sitio propio para vivir. Llevaba algunas direcciones y, después de varios intentos, logró colocarse. De lo que fuera: un día haciendo trabajos domésticos, otro cuidando niños o lavando platos. Lo más importante era ganar dinero. Ahora le tocaba a ella mantener a sus hijos. Lo que conseguía con más frecuencia era limpiar casas, "en lo que puedo encontrar algo mejor", pensaba. Siguió en eso algún tiempo y hasta cierto punto estaba contenta, porque, fielmente, enviaba sus ganancias a su mamá para que sus pequeños fueran bien atendidos. ¡Los extrañaba tanto! Pero no veía otra alternativa.

UNA REUNIÓN INESPERADA

–Mamacita, hablo para saber ¿cómo están mis hijos? ¿Están todos bien?

–Sí, por acá todos estamos bien; pero…

–Pero, ¿qué? ¿qué ha pasado? Dígame.

–Pues, es que Raúl se fue.

–¿Cómo que se fue? ¿A dónde se fue?

–Pues se fue a los Estados Unidos. Dijo que iba a buscarte, para ayudar a arreglar lo del accidente de su papá…

Aunque Raúl era el mayor de sus hijos y ya contaba con quince años, había emprendido ese viaje tan riesgoso, solo y seguramente con poquísimo dinero, para "buscar a su mamá". Minerva sabía que tampoco tenía papeles y que se iba a enfrentar a un viaje lleno de peligros, pero tan joven y tan inexperto… Ella no podía dormir imaginando que también su muchacho iba a tener que cruzar el río.

Durante algunas angustiosas semanas no supo nada de él. Ni su mamá tenía ninguna noticia de su nieto. Minerva hablaba con frecuencia a México, hasta que, por fin, le dieron una dirección. Raúl había llegado a casa de unos parientes que ya tenían algún tiempo de vivir en los Estados Unidos.

Pudo por fin reunirse con él. Se abrazaron y platicaron mucho rato. Raúl le contó todas las peripecias de su viaje y le dijo que se había llevado un gran susto porque, al cruzar el río, por poco se ahoga él mismo, pues oyó a un muchacho que no sabía nadar y que pedía auxilio: se estaba hundiendo; pero lo ayudó a salir a flote y lo pudo jalar hasta la orilla opuesta. Madre e hijo hablaron casi hasta la media noche. Al día siguiente, pensarían cómo seguir viviendo, ya los dos juntos.

Minerva sintió renovadas sus fuerzas para encontrar

solución a todos sus problemas. Durante algunos días estuvo feliz, junto a su hijo, que también buscaba trabajo. Pero pasó el tiempo y no se solucionaba nada. Minerva no sabía hacia dónde seguir...

UN ACTO DE VALOR Y UNA NUEVA ESPERANZA

Aunque ya algo más tranquila porque Raúl estaba a su lado, ella había seguido trabajando muy duro, sin descanso; siempre acompañada por la profunda tristeza que no la abandonaba nunca por la pérdida de su esposo y por estar lejos de sus otros pequeños. Pero Minerva no dejaba de pensar en su plan original. No sabía exactamente cómo; pero de alguna manera tenía que conseguir traer legalmente a toda su familia a los Estados Unidos. A esas alturas ya había perdido la esperanza de conseguir alguna otra clase de apoyo; por más que había buscado, no había encontrado nada.

En una ocasión, estando limpiando la casa de un matrimonio norteamericano que la trataba muy bien, la señora le regaló un pequeño radio. "Para que oigas música y te alegres un poco Minerva". Ponía algunas canciones, pero también le gustaba oír las noticias y otros programas.

Así siguió hasta que un día escuchó un programa en la radio que le había regalado la señora –era un *talkshow* en el cual estaba participando el despacho del abogado Manuel Solís y donde se trataba el tema de la inmigración.

No era la primera vez que Minerva escuchaba el programa; pero ésa fue la ocasión que tomó una decisión que cambió su vida y la de su familia. Se armó de valor, y llamó al número que estaban dando. En este *talkshow*, se aceptaban llamadas del público, se escuchaban y se contestaban las preguntas, dando orientación básica en el aire.

Decidió llamar al programa y preguntar si podía arreglar el problema del accidente de su esposo. Sí se podía...

El locutor le pasó directamente la llamada al abogado Manuel Solís, quien como siempre hacía en el programa, contestó las dudas de quien llamaba: era Minerva, en esa ocasión.

–¿Cuánto tiempo lleva en el país, Minerva? –le preguntó el abogado Solís.

–Un año.

–Y, ¿actualmente está casada?

–No, no, señor. Mi esposo Mario, había estado trabajando en Estados Unidos hasta su fallecimiento, en un accidente de auto, yendo de San Antonio a Houston.

Don Manuel preguntó algunos datos más y le explicó que no calificaba para arreglar su residencia permanente; pero que sí le podían ayudar a investigar lo del accidente de su esposo.

Se le explicó que, independientemente de que su situación en la Unión Americana fuera ilegal o no, se podía buscar una compensación económica. Antes de terminar esa breve conversación por teléfono, el abogado le dijo a Minerva que llamara a nuestras oficinas para hacer cita con nosotros.

Por primera vez en mucho tiempo, Minerva vislumbró una pequeña luz de esperanza en su corazón. Sólo que, lo que ella estaba pidiendo era algo grande y no sabía cuánto iba a costar todo el proceso.

Así que ella acudió a las oficinas del abogado Solís, con algo de esperanza, pero a la vez, sin estar segura de que un despacho tan importante como ése fuera a llevar su caso. "Sin duda va a ser muy caro" –pensaba.

Efectivamente, Minerva llegó al despacho del abogado Solís y, en la primera entrevista, después de relatarle su caso y de dar todos los detalles que ella tenía sobre el accidente, nos dijo:

–La verdad es que hay algo que me preocupa mucho. Yo sé que este tipo de casos puede costar mucho dinero, por la investigación, me imagino...

Ella se mostraba muy angustiada y se retorcía las manos: Siguió diciendo:

–El poco dinero que gano lo tengo que mandar íntegro a mi familia en México. No tengo nada más.

–No se preocupe por los gastos, señora –le dijo el abogado Solís.

–Pero, ¿cómo no me voy a preocupar? –preguntó.

–No, señora. Mire usted, en este tipo de casos nosotros pagamos los gastos de la investigación, sin ningún costo para usted. Si, al investigar, no encontramos nada o si decidimos pelear su caso en corte y perdemos, usted no debe nada. Pero, si presentamos la demanda y ganamos, entonces nosotros recibimos un porcentaje de lo que ganemos para usted.

–¿Cómo? –preguntó asombrada.

–Si ganamos su caso y le conseguimos una compensación por la muerte de su esposo, nos quedaríamos con un porcentaje. Pero, si perdemos el caso, usted no tendrá que pagarnos absolutamente nada.

A Minerva se le iluminó la cara y decidió:

–Sigan adelante, por favor –nos dijo.

UNA INVESTIGACIÓN CON RESULTADOS SORPRENDENTES

Como uno de los mejores abogados del despacho, Jaime –el abogado encargado de la oficina en El Paso–, había venido y en esos momentos estaba en Houston, Texas, el abogado Solís le pidió que se quedara un tiempo más y que ayudara a investigar el caso de Mario.

–Jaime –le indicó el abogado Solís– tienes que buscar la troca que intervino en el accidente, porque ya ha pasado mucho tiempo y ya no está en custodia de la policía del Condado.

–Trabajaré en eso, Manuel.

Días después, tras muchos esfuerzos y una investigación muy minuciosa, se comunicó con el abogado Solís.

—Hola, Jaime. ¿Tienes noticias?

—Sí. Y son buenas noticias. Aunque parezca increíble, pude encontrar el vehículo. Estaba arrumbado en un terreno de un mecánico, quien lo había comprado para aprovechar las partes que todavía sirven.

—¡No lo puedo creer! Buen trabajo, Jaime.

—Y todavía tiene las cuatro llantas… Todas de diferentes marcas. La única que está ponchada es la de Firestone.

—¡Perfecto! Pues compra el vehículo y tráelo a Houston cuanto antes. Aquí investigaremos si esa llanta tiene un defecto.

Ese mismo día, le hablamos a Minerva.

—Señora…, le tengo buenas noticias; ya encontramos la troca. Parece que su esposo se volcó cuando una llanta estalló. Ahora vamos investigar si existe un defecto en el coche o en la llanta.

—Gracias, Abogado; le agradezco mucho su ayuda.

—Algo más que le quiero decir, señora, es que voy a invitar a otra firma de abogados para que trabaje con nosotros en su caso. Esto no le costará nada adicional a usted; compartiré con esta firma parte del porcentaje que ya habíamos quedado de acuerdo con usted.

—¡Gracias, Sr. Solís! Tengo completa confianza en usted.

Nuestro siguiente paso fue hacer una investigación de todo el historial de esta marca de camioneta y de sus piezas. Examinándolo todo, llegamos a la conclusión de que, efectivamente, una llanta había sido la causa del accidente y ya también sabíamos por qué.

Era importante ahora dar a la señora Minerva esa información.

—Señora, ya descubrimos por qué se estalló la llanta.

—¿En serio?

–Así es. Y, de hecho, es un caso en donde se involucran muchos intereses. Hay una gran discrepancia entre el fabricante automotriz y el fabricante de llantas, ya que los dos recomendaban una presión diferente para las llantas.

–¿Cómo es eso?

–Pues mire usted: el fabricante automotriz decía que la presión debía ser de 28 libras por pulgada, mientras que el fabricante de llantas, en cambio, recomendaba que la presión fuera de 34 libras.

–¡Vaya! –exclamó Minerva–. ¿Y eso qué tiene que ver?

–Sigo explicándole: Si había menos presión, eso ocasionaba que hubiera más hule en el piso friccionando con la carretera. Y, como en Texas hace calor –y las carreteras, por lo tanto, pueden llegar a temperaturas muy altas–, eso provocaba que la llanta se calentara más aún y que, por lo tanto, se reventara. Y, en cambio, si había más presión, no se ponchaba la llanta, pero existía el peligro de que se volteara la troca. El fabricante automotriz había tenido problemas con el diseño de ese modelo de troca, y podía llegar a voltear al tener el centro de gravedad muy alto.

—Ay, señor abogado, téngame paciencia. La verdad es que no le estoy entendiendo nada.

–Bueno, le voy a seguir explicando; pero lo voy hacer más despacio. La compañía automotriz, por ahorrarse dinero, recomendó un cambio en la presión de las llantas. Podían haber rediseñado la troca, pero eso les habría costado mucho dinero. Por su parte, el fabricante de llantas tenía problemas con ese modelo de neumático. Quería que fuera para troca, pero que diera una conducción suave, tipo carro. Por ese motivo hizo la llanta más débil. Como corría el riesgo de estallar, eso se podía compensar con más presión. Por tal motivo, recomendaban las 34 libras.

–Y ¿entonces?

–En cualquier caso, el conductor llevaba las de perder, como lamentablemente sucedió en el caso de su esposo. La discrepancia fue el motivo del accidente, Minerva. Se determinó que la presión que tenía la troca cuando sucedió el accidente era la indicada por el fabricante automotriz, pero no era la recomendada por el fabricante de llantas. Esta discrepancia fue el motivo del accidente. Es la causa por la cual su esposo y su sobrino –trágica e indebidamente– perdieron la vida.

—Gracias, abogado, por explicarme todo. Pero a pesar de su explicación, todavía no entiendo por qué mi Mario tuvo el accidente. Lo único que creo entender es que usted me está diciendo que él no tuvo la culpa.

—Así es, señora. Disculpe la tan explicación tan complicada. Mejor, venga a mi oficina y le vuelvo a explicar todo más detalladamente. Me puede hacer todas las preguntas que tenga, hasta que todo quede claro.

—¡Muchas gracias! ¿Cuándo quiere que vaya a su oficina?

—Si tiene tiempo, hoy mismo. También le explicaré los siguientes pasos que vamos a seguir.

Al llegar a la oficina, le informamos a Minerva que ya habíamos iniciado el proceso para entablar un juicio en contra del fabricante de llantas. Un factor importante, para justificar la cantidad que buscábamos, era el impacto que había tenido sobre la familia de Mario: su esposa Minerva y sus cinco hijos menores.

—Mire usted, Minerva, es muy importante presentar a la familia completa durante el juicio, puesto que queremos lograr la mejor pensión posible para ustedes.

—Pero eso no es posible, ellos no pueden pasar porque no tienen papeles —nos informó la angustiada mujer.

—Nosotros nos encargamos de eso. Deje todo en nuestras manos.

BUENAS NOTICIAS Y UNA NUEVA VIDA PARA MINERVA Y SU FAMILIA

Efectivamente, pudimos conseguir un permiso de cinco días para traer a sus hijos a Houston. Lo mismo que a los papás de su esposo que falleció y los padres del sobrino que iba con él, que también falleció.

¡Cuánta alegría fue para Minerva volver a reunirse con su familia después de casi dos años! Siendo que ella no estaba en los Estados Unidos legalmente, no se había querido arriesgar a regresar a México para verlos y luego volver a cruzar de la misma manera.

Pero la mejor noticia de todas, fue que finalmente ganamos el caso y, así, pudimos conseguir una gran compensación para la familia de Mario. Y no sólo logramos la indemnización justa para Minerva y para sus hijos, sino también para los papás de Mario –quienes también se presentaron en la corte– y para los papás del sobrino de Mario, puesto que él era un joven soltero cuando murió.

En un principio, Minerva nos había buscado para conseguir la residencia, pero habíamos podido ayudarles de otro modo totalmente inesperado.

Ya han pasado muchos años desde entonces. Y a pesar de que todo comenzó con una devastadora tragedia, esa pequeña esperanza que animó a Minerva a confiarnos su caso ha rendido buen fruto. Todos sus hijos e hijas tienen ahora buenos trabajos.

A dos de sus hijas les pudimos conseguir su residencia permanente, pues las dos se casaron con muchachos norteamericanos. Otros dos hijos tienen el permiso DACA y queda pendiente la situación de Raúl, lo mismo que la de Minerva: aún no han conseguido legalizar su situación en la Unión Americana.

Por su parte, Minerva no se ha vuelto a casar y tiene diez nietos que disfruta mucho. Es una mujer muy activa, que no se ha quedado con los brazos cruzados y actualmente se dedica a limpiar casas y a cuidar niños de vez en cuando.

Además, ella sigue siendo una cliente muy agradecida. Minerva siempre dice: "Doy gracias a Dios por haber encontrado a Manuel Solís y a su equipo. Son unos excelentes abogados. Yo siempre recomiendo a todos su despacho."

RECOMENDACIONES – ACCIDENTES

1. Cuando se trata de un accidente, es importante actuar lo más pronto posible. Normalmente sólo se tienen dos años para entablar una demanda. Sin embargo, hay excepciones; así que si ya pasaron más de dos años, de todas maneras acuda a nuestras oficinas para ver si podemos entablar una demanda. Existen otras razones importantes para iniciar una demanda lo más pronto posible. Además del límite legal de dos años, las demoras pueden afectar su caso de otras maneras. Por ejemplo, puede ser difícil encontrar a todos los testigos, y algunas evidencias se puede perder. (Por ejemplo, si no se hubiera encontrado la troca de Mario, no hubiéramos tenido la evidencia necesaria para presentar un caso.)

2. Además, en ciertos Estados como Texas y California, les podemos prestar dinero para ayudarles con sus gastos personales mientras investigamos y peleamos su caso.

3. Si alguien sufre un accidente grave en los Estados Unidos, en el cual alguien queda seriamente lesionado existen permisos de emergencia que permiten que la familia inmediata (padres, cónyuges, hijos,) que residen en otro país venga por un período de tiempo para ver y apoyarlos. Es un trámite que podemos iniciar desde nuestras oficinas.

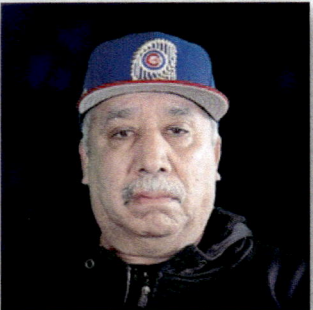

José VALADES
Arregló por la familia

Hermila CASTILLO
Entró con proceso consular

Maricela TADEO
Ya es ciudadana

Wilfredo HERNÁNDEZ
Arregló por la familia

José MORENO
Arregló por la familia

Rita GÓMEZ
Arregló por la familia

SEGUNDA SECCIÓN

HISTORIAS DE DERECHOS DEL TRABAJADOR

96

NUESTROS CLIENTES

Marta ALBA
Arregló por la familia

Valentin GUERRERO
Arregló por la familia

Rosa GRANADOS
Arregló por la familia

Estela HERNÁNDEZ
Arregló por la familia

Julián BENÍTEZ
Arregló por la familia

Manuel HERNÁNDEZ
Arregló por la familia

RICARDO

Ricardo vivió los primeros 28 años de su vida en Irapuato, en el estado de Guanajuato, situado en el centro de la República Mexicana. Al pensar en esa bella región del país, llena de vida, color y vegetación, de inmediato viene a la mente la imagen de la fresa. Es en Irapuato donde se cultiva la mejor fresa del país, famosa en el mundo entero, ya que México es uno de los más importantes exportadores de esta fruta a nivel mundial. Pero para muchos, la vida no es tan bella como aquella región, sino dura y en ocasiones muy dura, a causa de la falta de trabajos bien pagados. Tal fue el caso de Ricardo –un hombre con pocos estudios, pero de gran corazón, cuya única meta ha sido siempre sacar adelante a su familia–. Quería que, tanto sus padres, a quienes les agradece la vida, así como sus tres hijos, Yanet de 20, Gustavo de 14 y Luisa de 12, tuvieran unas mejores condiciones de vida.

Desde muy joven, Ricardo abandonó sus estudios para trabajar y apoyar a su familia. Se casó muy joven y pronto llegó una primera bebé, lo que aumentó todavía más sus responsabilidades. Ricardo trabajaba principalmente como obrero albañil; pero resentía que, a pesar de su duro trabajo, no ganaba lo suficiente para proveer todo lo que su familia necesitaba. Por fin tomó una decisión muy difícil, pero era la única solución a su alcance para poder darles una mejor vida a sus seres queridos: Había escuchado que había muchas oportunidades de trabajo en los Estados Unidos. El dinero que ganaría allí –aun haciendo albañilería, como en México– fácilmente lo podía enviar a sus familiares en México para que pudieran vivir con un poco más de comodidad.

Ricardo estaba decidido a hacer las cosas "bien". Se había enterado de un programa de visas de trabajo para obreros que deseaban un puesto de trabajo en el "otro lado". Empleadores en los Estados Unidos solicitaban trabajadores mexicanos a través del consulado americano y, de esa forma, personas como Ricardo podían conseguir la llamada Visa H2B para desempeñar los puestos solicitados. Se apresuró a hacer todos los trámites necesarios y cuál fue su alegría cuando recibió su visa y se preparó para irse.

EL SACRIFICIO DE UN PADRE DE FAMILIA

La partida fue muy difícil porque implicaba que desde el momento en que cruzara la frontera, pasaría la mayor parte de su tiempo en los Estados Unidos y muy pocas veces podría regresar a visitar a su familia porque implicaba arriesgarse a perder la oportunidad de seguir trabajando en su nuevo empleo. Casi sin poder contener las lágrimas, le dijo adiós a los padres que honraba tanto, quienes, a pesar de no haber podido darle una educación formal, con su ejemplo y su buena crianza había hecho de él un hombre responsable, trabajador y honrado. Luego se despidió a su esposa. Aunque ella admiraba, por supuesto, el deseo de su marido de sacrificarse para poder darle una mejor vida a ella y a sus hijos, no quería que se fuera.

–No me gusta que te vayas, Ricardo. Puede ser peligroso. Cuentan muchas cosas que pasan por allá. Algunos ya no han regresado…

–No te preocupes, voy con un trabajo seguro. Y no me voy a cruzar de ilegal. Yo llevo la visa que me acaban de dar. Es visa de trabajo. No va a haber problema –le respondió a su esposa, quien no estaba totalmente de acuerdo con su partida.

–¡Mejor quédate aquí! –le rogó–. Quién sabe cuánto tiempo vas a estar por allá. Tenemos tres hijos pequeños y me va a ser muy difícil criarlos solos, si su papá. No te vayas, Ricardo.

–Sé que va a ser duro para todos. Pero aquí, como obrero, nunca podré ganar lo suficiente para pagar todo lo que necesitamos. Ya ves que hay muchos gastos. Yo quiero darle lo mejor a mi familia. Además, mira a mis papás… Ya están grandes y también tengo que ver por ellos.

Sus ojos se llenaron de lágrimas al despedirse de su esposa, de su pequeña Yanet, de 8 años, de "Tavito", de apenas dos, y de Luisita, de unos cuantos meses, a quien su esposa todavía amamantaba.

. Así comenzó la nueva vida de Ricardo. Firmó algunos documentos que le presentaron –sin entenderlos, porque estaban en inglés–. Los revisó tratando de saber qué decían y vio que era una especie de contrato en donde se decía que estaba en tal empleo y con cuál persona o empresa en los Estados Unidos iba a trabajar. También firmó otros papeles que –según entendía, o más bien, se imaginaba– decían cuáles eran los requerimientos del empleo y lo que serían sus derechos como trabajador. En realidad, Ricardo no leyó nunca lo que firmaba porque casi todo estaba en inglés, idioma que él no entendía para nada.

Llegando a Texas, pronto tuvo que adaptarse Ricardo a su nueva vida. Sus primeros empleos fueron principalmente en la construcción, pues la albañilería era lo suyo. Al poco tiempo se dio cuenta de que todo era distinto, muy distinto al trabajo que había hecho en México; la jornada se le hacía muy larga, más larga aún porque el clima de Texas era muy diferente al que estaba acostumbrado, –mucho calor y mucha humedad– al clima de templado de Guanajuato. Trabajar "de sol a sol" cobró nuevo significado para él. Y, además, por su propia elección, Ricardo nunca gozaba personalmente de los frutos de su trabajo. De cada centavo que ganaba, guardaba apenas lo necesario para poder pagar sus gastos más necesarios y todo lo demás lo enviaba a su familia en México. Eso le daba mucha satisfacción; podía aguantar todo, a cambio de saber que su familia tendría una vida un poco mejor.

Terminando un trabajo, procuraba buscar otro para emplearse de inmediato, pues había algo que siempre le preocupaba y que sí tenía muy claro desde México: la Visa H2B es una visa de trabajo y si él se quedaba sin trabajo por períodos prolongados, perdería esa visa. Así que aprovechaba cualquier oportunidad que se le presentara; quería que valiera la pena lo difícil que era estar lejos de su familia, sin poder ver crecer a sus hijos y sin poder estar junto a ellos los momentos más importantes de sus vidas. Por difícil que fuera, Ricardo seguía esforzándose siempre por mandar la mayor cantidad de dinero posible a su familia. Ni siquiera guardaba algo para irlos a visitar. Casi las únicas veces que regresaba a Guanajuato era cuando el tiempo de la visa se le acababa y todavía no había encontrado otro empleo. Entonces, no tenía otro remedio: debía salir de los Estados Unidos y regresar a México para iniciar nuevamente los trámites necesarios para que lo contrataran otra vez. Y entonces emprendía un nuevo viaje.

Finalmente, la distancia pudo más y tanto tiempo sola fue demasiado para su esposa. Ella decidió separarse. Aunque fue muy duro para él; pero, tan generoso como siempre y con su gran corazón, comprendió lo difícil que había sido para su esposa haber vivido sin pareja y aunque se separaron, a pesar de todo, "quedaron bien".

–No te preocupes –le dijo Ricardo–. Yo siempre seguiré enviando dinero para el sostén y la crianza de nuestros hijos. Nunca les faltará nada.

UNA PROPUESTA ENGAÑOSA

En medio de todo eso, después de seguir trabajando en los Estados Unidos unos cuantos años, empezó a trabajar para un hombre. Al poco tiempo, le dijo que le tenía una propuesta: Lo contrataría de tiempo completo y luego lo enviaría a hacer trabajos para diferentes compañías. Le aseguró a Ricardo que no se tendría que preocupar de nada.

–Mira, Ricardo, te conviene. Vas a tener un trabajo estable. Así, no tendrás que regresar a México cada vez que se te acabe un trabajo. No vas a "esperar" a que te contraten de nuevo.

–Pero…

–Tampoco tienes que preocuparte por cobrarle a nadie. Ni siquiera tienes que ocuparte de los papeles de la visa o de los otros documentos importantes que a veces te piden y que a lo mejor ni siquiera tienes. Yo me voy a encargar de todo.

–Este…, deme un tiempo, lo voy a pensar un poco y yo le aviso.

–No, no hay nada que pensar. Ya está decidido. Y no creas que eres el único. Ya le he arreglado todo a otros muchos que quieren trabajar aquí.

Y, como Ricardo vio que efectivamente algunos de sus compañeros habían pasado con la Visa H2B y estaban en tratos con ese señor, le pareció bien el arreglo y aceptó.

Al siguiente día, el hombre le presentó unos papeles en inglés, que Ricardo naturalmente no entendía, y le dijo a Ricardo: "Nada más fírmale aquí." Muy confiado, aunque ni siquiera tenía idea de qué se trataban, firmó todos los papeles que le puso enfrente.

Unas cuantas semanas después, Ricardo comenzó a preguntarse si había tomado la decisión correcta. El hombre que se había mostrado tan amable al principio, había cambiado mucho. Ricardo pensaba que más bien estaba pareciendo un capataz. Le gritaba sin motivo y lo enviaba a hacer trabajos muy duros. Simplemente ordenaba y Ricardo debía obedecer; no podía escoger el lugar o el tipo de trabajo dentro de la misma albañilería, en la que cada vez era más hábil. No tenía opción de decir en qué quería participar y en qué no. Por supuesto, Ricardo era un hombre muy trabajador, dispuesto a hacer lo necesario para enviar dinero a casa; pero sentir que no tenía ninguna oportunidad de escoger, sino que sólo debía obedecer, y obedecer de inmediato, era muy difícil para él.

Al principio, casi cuando acababa de llegar, había trabajado para una compañía de albañilería y pintura, lo que él conocía. Pero ahora los trabajos a los que lo enviaba el hombre eran desconocidos para él. No tenían nada que ver con su oficio de albañil. En varias ocasiones lo enviaron a hacer trabajo forestal; había que sembrar y cultivar pinos, podar grandes ramas, serruchar troncos, cortar maleza y todo tipo de actividades relacionadas con árboles y plantas. Naturalmente Ricardo podía hacer lo que le ordenaran. Decidido a seguir mandando dinero a su casa, tenía que fijarse cómo le hacían los demás compañeros y aprendía pronto, pues era inteligente y dedicado; pero en definitiva no era lo suyo. Era necesario trabajar largas horas en algo totalmente nuevo y por eso debía esforzarse más aún. Con frecuencia le dolía la espalda por las posiciones en las que tenía que trabajar horas y horas. Más adelante, lo enviaron a trabajar en una refinería. Si a él le había parecido duro el trabajo con los pinos, ni se imaginaba lo que era trabajar en la refinería. No había comparación; llegó a un punto en que extrañaba estar cortando pinos. Nuevamente era trabajar largas horas al aire libre en el calor y la humedad del sur de Texas. Lo peor era que gran parte de la jornada implicaba sumirse medio cuerpo en agua contaminada, sólo protegido por las largas botas de hule que él mismo se había tenido que comprar. Muchos días tenía que trabajar bajo fuertes lluvias. Casi siempre terminaba el día piqueteado de mosquitos, pulgas y gran cantidad de bichos, a saber qué eran. Y cada jornada se le hacía más pesada porque los dolores de la espalda –ya tan lastimada– se intensificaban más. Pero aun con el dolor, el cansancio, las lluvias, el calor, la humedad y el peligro, Ricardo se había propuesto no dejarse vencer. A pesar de todas esas nuevas dificultades, se esforzaba mucho y cumplía rigurosamente lo que se le exigía.

INJUSTICIAS Y MÁS ABUSOS

Algo más que no le parecía bien a Ricardo era la cantidad de horas que trabajaba. Cuando en un principio había firmado para obtener su Visa H2B, le informaron de algunos requisitos y de sus derechos como trabajador y entre otros venía incluido que él tenía derecho a la paga *overtime* –horas extra–, en caso de que trabajara más de 40 horas por semana. Le explicaron que esto consistía en que cada hora de más que trabajara, aparte de las 40, le debían pagar no sólo la cantidad acordada por hora, sino otro cincuenta por ciento adicional. En otras palabras, si le pagaban doce dólares por una hora normal, por cada hora extra le tenían que pagar dieciocho dólares. Pero, eso no era lo que estaba sucediendo en su caso. Ricardo se daba cuenta muy bien que no estaba recibiendo esa cantidad extra. Además, en sus

GERARDO

Gerardo es originario de Matamoros, Tamaulipas, un estado que se encuentra en el noreste de la República Mexicana. Desde joven, ha sido un hombre muy trabajador y muy inquieto, siempre a la caza de las mejores oportunidades. Como Matamoros está en la frontera con los Estados Unidos, desde joven se había dado cuenta de las excelentes oportunidades de trabajo que había "del otro lado". Así que a los 28 años, cuando se le abrió una puerta para ir a trabajar allá, inmediatamente la aprovechó.

No tardó mucho en descubrir cuál era el oficio en el que le gustaría más emplearse: la manufactura de equipos para refinerías petroleras modulares. No era un trabajo fácil, nada fácil, sino que requería entrenamiento, dedicación y concentración durante largas horas. Pero, disfrutándolo tanto, no era pesado para él y el tiempo se le pasaba rápidamente.

Poco a poco, Gerardo fue ganando más experiencia en este oficio y no le era difícil encontrar un nuevo trabajo cuando se terminaba el anterior. Además, a los pocos años de estar en la Unión Americana, conoció a la mujer con quien se quería casar y formar una familia; tiempo después, llegaron a tener tres hijos. Entonces sí, con más empeño que nunca, él tenía que trabajar muy duro. Aunque sabía que su oficio nunca lo haría millonario, su salario sí era suficiente para proveer para su familia todo lo que necesitaba. En general, Gerardo estaba muy satisfecho con la vida que llevaba.

Y, como hombre inquieto que seguía siendo, conforme adquiría más experiencia, Gerardo estaba continuamente al tanto de nuevas oportunidades de empleo donde recibiría más pago y mejores beneficios. Así que, cuando se dio cuenta de que había un puesto vacante en una empresa manufacturera sólo a 10 minutos de su casa, inmediatamente hizo su solicitud y fue contratado. Gerardo se sentía dichoso. Qué rápido había pasado el tiempo, apenas podía creer que ya hubieran transcurrido treinta años desde que había emigrado a los Estados Unidos. Aunque dentro de unos cuantos años más, ya podría comenzar a pensar muy en serio en la jubilación, quería trabajar intensamente todo ese tiempo que le faltaba y poder tener acumuladas las suficientes cotizaciones para, que una vez que se jubilara, él y su esposa pudieran seguir viviendo como estaban acostumbrados.

UN TRABAJO NUEVO, PERO CON AMBIENTE PESADO

Pero Gerardo no tardó mucho en darse cuenta de que algo no marchaba muy bien del todo; sentía algo extraño en su trabajo. El ambiente se sentía pesado. El supervisor, Martin, frecuentemente hacía comentarios burdos, con alusiones sexuales –por lo general a manera de broma– que a Gerardo no le parecían apropiados. "Es muy raro que hable así una persona que debe hacerse respetar." Él notaba que, aunque la mayoría de sus compañeros se reían de los comentarios de Martin, en muchos casos era una risa extraña, incómoda, como para halagar al jefe, como alguien que se ríe sin estar convencido de que se tratara de algo gracioso, sino porque quería "quedar bien".

Pero luego se dio cuenta de algo más... No sólo eran sus palabras, sino cómo se comportaba Martin, con algunos de los hombres bajo su supervisión. Su conducta no se veía del todo apropiada para un supervisor. Gerardo no juzgaba los gustos personales o las tendencias de Martin. "Bueno, pues allá él. Después de todo, 'a cada quien lo suyo', como dice la gente –pensaba Gerardo–. Lo que no me explico es si los compañeros estarán de acuerdo con esas dizque bromas, o si se ríen porque tienen miedo de perder el trabajo. ¡Yo jamás soportaría algo así!"

Lo que más le sorprendía era que nadie dijera nada. En una ocasión, después de observar algún comentario escabroso y las consabidas risas de todos, Gerardo hizo discretamente un comentario a uno de sus compañeros.

–En tantos años que llevo trabajando, nunca me había tocado ver una situación como ésta.

La advertencia del otro fue inmediata:

–Pues, si sabes lo que te conviene, no te metas. Aquí las cosas son diferentes. Ya lo sabes…

Y Gerardo dejó las cosas así, como estaban, y optó por no decir nada. Durante los siguientes tres años, adoptó una actitud parecida a la de sus demás compañeros. Procuraba no reírse abiertamente de las bromas. Observaba, pero no decía nada. Tenía buen trabajo y "no le quería mover". Sí le llegaban los rumores de que Martin había participado en tal o en cual situación; pero eso era asunto entre ellos. Y, de hecho, se enteraba de que alguno que otro de repente renunciaba al trabajo, sin explicación, y otra vez los rumores surgían. Pero eso eran. Rumores.

CONFRONTACIONES PERTURBADORAS

Sólo que las cosas cambiaron cierto día, cuando ya tenía unos tres años trabajando allí. Lo mandó llamar Martin a su despacho y, naturalmente, acudió de inmediato. Primero le habló asuntos de trabajo; pero, de repente y sin que viniera al caso, le dijo:

–Oye, Gerardo, ¿y tú qué? Siempre te noto muy calladito en el piso, pero a mí nadie me engaña.

Dijo las palabras muy a la ligera, como casualmente.

–No sé a qué se refiere, señor –le dijo Gerardo, al principio muy confundido.

Con una risa un tanto burlona, Martín le contestó:

–Sí, sí me entiendes. Claro que me entiendes. Tratas de hacerte el muy serio, el santito; pero yo reconozco fácilmente a los que tratan de fingir lo que no son...

Ahí sí, Gerardo entendió de qué se trataba e inmediatamente reaccionó.

–¡Claro que no! Yo no estoy fingiendo nada. He estado casado por más de 20 años y tengo tres hijos. Siempre le he sido fiel a mi esposa.

–Vamos, Gerardo. No eres tan jovencito. A ver, dime... Y antes de casarte, ¿qué? ¿A poco no has querido variar las cosas un poco desde que te casaste? A todos nos gusta el cambio de vez en cuando...

Gerardo cortó la escena con brusquedad:

–¡Disculpe, señor! ¿Tiene algo más que decirme con respecto a mi trabajo?

–¡No le saques, Gerardo! Pero, anda... ve a trabajar.

Salió rápidamente de la oficina y, se alejó muy descontrolado, con muchos pensamientos corriendo a mil por hora por su cabeza. Estaba indignado, pero confundido a la vez. ¿Qué habría pasado? ¿Por qué Martin de repente pensaba eso de él? Estaba tan angustiado que hasta comenzó a dudar de sí mismo...

Trató de pensar en otra cosa; quería alejar el incidente de su mente; pero no podía. Intentaba concentrarse en hacer su trabajo y evadir a Martín todo lo que podía. Así pasaron varios días hasta que una mañana, Martin lo mandó llamar a su oficina. Después de tratar asuntos del trabajo, nuevamente abordó el tema que Gerardo tanto evadía.

– Así que, ¿dime, Gerardo? ¿Ya estás listo para experimentar un poco?

Por el tono de voz, Gerardo supo exactamente a qué se refería.

– ¡No, Señor! No sé por qué tiene esa idea. Yo no soy así.

–¡Vamos, Gerardo! Bien me he dado cuenta de cómo me has mirado a mí y a otros compañeros, siempre de reojo…

–No, Señor, para nada. Yo no miro a nadie de "alguna manera". Usted está totalmente equivocado.

–¿Sabes? Una de estas noches, debes salir con Jorge y conmigo para tomarnos una cervecita por ahí. Claro, después del trabajo. Es mejor tener una buena relación con los patrones, si me entiendes bien…

Jorge era otro de los supervisores de quien había escuchado rumores. Pero no les había hecho caso. Y qué sorpresa que, de repente él también saliera en la conversación.

–Gracias, señor; pero no. Procuro pasar todo mi tiempo libre con mi familia.

–Mira, Gerardo, ya te lo he dicho antes… Tú, para nada das la idea de ser un hombre totalmente de familia como dices. Anda, Gerardo, ¡confiesa ya de una vez que te gustan los hombres!

–No, eso no es verdad, ¡para nada! –y rápidamente salió de la oficina dando un portazo.

UNA SITUACIÓN CADA VEZ MÁS AGOBIANTE

El asunto no paró ahí. Durante los siguientes meses, las insinuaciones aumentaron: cada vez eran más frecuentes. Y lo peor era que también ya Jorge se acercaba de cuando en cuando a donde estaba Gerardo. En voz baja le hacía las mismas insinuaciones y lo invitaba a salir, igual que Martin. La situación era cada vez más agobiante. Pero él siempre trataba de convencerse de que, si otros compañeros habían podido resistir la situación, él también podría. Sólo que ahora, continuamente se preguntaba, ¿qué era lo que él tenía que los atraía a ellos? ¿Sería que, en secreto, no era "tan hombre" como pensaba ser? Aparte de todo, tenía que luchar con su propia culpa y por cosas que no eran culpa de él.

Para empeorar todo, la situación comenzó a ponerse tensa en casa y a afectar su relación con su esposa.

–¿Qué te pasa, Gerardo? –le preguntaba ella.

–Nada, no es nada.

–Pero, te veo raro, diferente, ¿estás enojado por algo?

–Que no es nada, te digo…Sólo son algunos problemas con mi supervisor. Pero nada de gravedad..., no te preocupes.

Y siguió resistiendo hasta que una tarde, Martin le mandó llamar. Habían pasado varios días en los que él no le había hecho ningún comentario y por lo mismo Gerardo había bajado la guardia. Hasta que nuevamente, después de hablar sobre algún detalle de la rutina de trabajo, sin venir a cuento, Martin le dijo:

–Entonces, ¿qué, Gerardo, ya estás listo para un poco de parranda? Puede ser esta noche…

–No, señor. Yo ya le dije que no.

Martin se le acercó un poco más.

–Vamos, no niegues que tienes ganas... –y luego, ante la sorpresa de Gerardo, el hombre puso la mano en su pantalón, exactamente sobre sus partes.

–¡NO! –gritó Gerardo, y salió huyendo.

De lo que no se había dado cuenta era que dos de sus compañeros de trabajo habían visto todo. Al principio como que no supieron cómo reaccionar, pero al ver que Martin había salido corriendo, uno de ellos de inmediatamente volteó las cosas; tal vez para protegerse a sí mismo y exclamó:

–¡Miren no más! ¿Cómo ven? Él se dejó tocar; dice que no quiere, pero, ¡no hay duda de que quiere!

Gerardo, lleno de humillación, alcanzó a escuchar las risas burlonas de los demás. Y pronto corrió la voz entre los demás compañeros. Al principio fueron dos y luego tres los que se acercaron con él para hacerle bromas humillantes:

–¿Y cómo la ves tú, Gerardo? ¿Así que eres el nuevo novio del jefe? ¿Quién lo diría? Tan seriecito...

A lo que alguien más agregaba otro comentario hiriente, acompañado de las carcajadas de los demás.

Como pudo, Gerardo terminó la jornada de trabajo y camino a su casa, se dijo que ya no podía más. No quería perder ese trabajo; pero por fin reconoció que las cosas no iban a mejorar por sí solas. Ya era tiempo de reportar la situación.

Un grito de auxilio llega a oídos sordos

Tan pronto como tuvo oportunidad, fue al Departamento de Recursos Humanos para presentar su queja. En realidad, él había ido a ese departamento pocas veces desde que trabajaba en la compañía, pero de una cosa estaba seguro: Ése era el lugar donde uno debía confiar en que sería escuchado y donde harían todo lo posible para arreglar esa penosa situación. Él no entendía cómo era que Martin y Jorge seguían allí en puestos de supervisión si muchos de sus compañeros habían observado cómo se comportaban. La única conclusión a la que pudo llegar era que nadie antes había tenido "los pantalones" para pedir justicia. Pero eso no era su caso.

Francis, quien le atendió, se mostró tan amable como siempre.

–¿En qué te podemos servir, Gerardo? –preguntó.

Ella siempre le había parecido confiable y sin dudarlo más le contó todo lo que le había ocurrido. Inmediatamente, Francis cambió de semblante. En ese momento, Gerardo sintió como si se hubiera levantado un muro entre los dos.

–Gracias, Gerardo, por compartir tus impresiones acerca de este asunto. Te aseguro que investigaremos todo y llegaremos al fondo de lo que ha sucedido.

–Pero, sí van a hacer algo pronto, ¿cierto?

Francis titubeó:

–Claro que sí. Vamos a investigar y, si vemos razones para tomar medidas, las tomaremos.

–¿Qué? ¿No le he dado suficientes razones? –preguntó, inquieto Gerardo.

–Bueno, hasta ahora sólo hemos escuchado tu lado de la

historia. Tienes que entender que estos hombres tienen 14 años trabajando aquí con nosotros, y no hemos tenido ninguna queja antes. Tenemos que hacer una investigación amplia porque un reporte como éste puede arruinarlos por completo.

–¿Y yo qué? ¿No cree que mi vida se ha afectado? ¡Y apenas puedo creer lo que estoy oyendo!

Francis se levantó inmediatamente de su asiento y con una amabilidad forzada, llevó a Gerardo hacia la puerta.

–Como dije, investigaremos...

Y así no más se acabó la entrevista. Gerardo trató de creerle.

Durante los siguientes días, Martin ni siquiera se le acercó. Pero algunos de los más allegados a Martin y a Jorge lo comenzaron a mirarlo diferente... Se veían enojados, como molestos. Pocos días después, Martin, delante de todos, le habló con un tono áspero y comenzó a reprenderle:

–Gerardo, ¿qué está pasando? Has estado produciendo piezas defectuosas que no sirven. Las hemos tenido que desechar.

–Pero…, ¿cómo? –preguntó asombrado Gerardo–. No he hecho nada diferente y nunca antes ha ocurrido algo así.

–No, Gerardo, ya habíamos hablado de esto antes. Te has vuelto muy descuidado en tu trabajo.

–No, señor, no es así...

–Pues, toma esto como una primera reprimenda y como una oportunidad. Debes de ser más cuidadoso. ¡Tienes que tomar más en serio tu trabajo!

—Pero ...

Gerardo se quedó confundido, pero simplemente siguió haciendo lo que hacía. Un par de días después, le hablaron de Recursos Humanos:

–Gerardo, hemos hecho una investigación y no encontramos nada que respalde tu queja. Hablamos con varios de tus compañeros y dijeron que no han visto ni oído nada. Y cuando le preguntamos a Martin, nos dijo que lamentaba que hubieras malentendido la situación. Que nada pasó, que te rozó accidentalmente con la mano porque hiciste un movimiento brusco mientras hablaban y que inmediatamente aceptaste sus disculpas.

–Pero, eso no fue lo que pasó. No es cierto. No fue accidental ni hubo ninguna disculpa. Y, ¿qué hay de las demás quejas?

–Mira, Gerardo, mi recomendación es que dejemos las cosas así. Es muy complicado hacer una queja oficial.

–No importa. Igual, la quiero hacer.

–¿Seguro?

–Sí.

–Bueno, más adelante hablamos.

Ese día, Gerardo se fue del trabajo muy inquieto. Él siempre había confiado en que Recursos Humanos era un departamento especial para defender los intereses del personal, pero se acababa de dar cuenta de que no era así. De ahí en adelante, todos los demás compañeros empezaron a apartarse de él; incluso los dos que habían sido testigos del acoso sexual lo evadían como podían. Y luego, Tomás, el único compañero que lo había escuchado a medias, de repente renunció y se fue sin decir por qué. A Gerardo le pareció extraño, pero no preguntó nada ni tampoco hizo ningún comentario.

Unos días después, Tomás le habló a su casa:

–Gerardo, me fui por la misma razón que tú. Ya no pude aguantar más. Te recomiendo que renuncies. Sal de allí y busca otro trabajo. No te será difícil. No te conviene que pierdas tu trabajo y que te quemen por alguna razón tonta.

Gerardo todavía estaba inquieto esa noche cuando salió a cenar con su esposa. Fueron a un restaurante donde servían antojitos mexicanos. Apenas habían ordenado sus alimentos cuando se les acercó Maribel, una amiga de años a quien no habían visto por algún tiempo, y comenzaron a "ponerse al corriente".

Pero Maribel –que lo conocía bien– se daba cuenta de que Gerardo no era el mismo y le preguntó por qué lo notaba bastante extraño. Al principio, él trató de disimular como si no le pasara nada; pero cuando su esposa también intervino, un tanto sentida de que Gerardo tampoco hubiera querido abrirse con ella, por fin contó lo que se había estado guardando durante ya casi dos años. Al terminar, primero sintió vergüenza –porque no podía sacarse de la mente que, de alguna manera, había algo en él que daba la impresión de que quería relacionarse con ese tipo de hombres–. Se quedó callado unos momentos; pero luego, cuando su esposa le apretó la mano y las dos mujeres le miraron llenas de compasión, él sintió un gran alivio. Por fin había hablado y había podido desahogarse después de tanto tiempo de haber tenido escondido ese problema.

Maribel inmediatamente le dijo:

–Gerardo, las cosas no deben quedarse así. Tu única solución es consultar con un abogado. Y lo tienes que hacer de inmediato.

–Es que no puedo... Yo no sé nada de estas cosas – respondió.

–Pero yo sí. Déjame investigar entre mis conocidos a ver a quién pueden recomendarnos.

A los pocos días, Maribel fue a visitarlo a su casa y le dijo;

–Según he investigado, los abogados que más recomiendan son Manuel Solís y su equipo de abogados. Ellos tienen una gran experiencia con casos laborales.

–Pero... ¿crees que atenderán un caso como el mío?

–Claro que sí. Ya lo verás. Y otra cosa muy importante: a ellos les interesa mucho ayudar a las personas hispanas que son inmigrantes. No lo pienses más Gerardo, aquí tengo sus datos –contestó ella mientras sacaba una tarjeta.

Gerardo anotó el número telefónico y nos llamó casi inmediatamente para hacer una cita.

Y fue así cómo Gerardo llegó a nuestras oficinas.

SÍ, LAS VÍCTIMAS DE ACOSO SEXUAL TIENEN DERECHOS

Nos sentamos a platicar con él y escuchamos su historia. Su rostro se llenó de alivio cuando vio que creíamos su historia –lamentablemente, no era la primera vez que escuchábamos historias semejantes– y que aceptábamos llevar su caso.

Nosotros le planteamos con claridad cuáles eran sus derechos. También le aseguramos que no estaba solo, que había muchos casos como el suyo –esto lo tranquilizó aún más–. De hecho, según las estadísticas, aproximadamente una de cada cinco víctimas de acoso sexual en el lugar de trabajo en los Estados Unidos es varón.

Y a continuación le preguntamos:

–Gerardo, ¿qué es lo que usted quiere?

Lo que Gerardo quería era quedarse con su trabajo, así que por lo pronto, decidió seguir intentando que recursos humanos le diera una solución a su caso. El plan era informarles que había consultado con un abogado, y que estaba listo a presentar una demanda si ellos no tomaban medidas por parte de la empresa.

–Solo tome en cuenta una cosa, Gerardo –le advertimos–. Es evidente que hasta ahora han respaldado al supervisor responsable, y no a usted. Insista; pero prepárese porque puede que a partir de ahora le causen más problemas. No se sorprenda si le levantan más reportes falsos, más quejas y finalmente lo despidan.

Y todo lo que le advertimos, ocurrió. De nuevo le ordenaron a Gerardo que se presentara en Recursos Humanos. Él llegó esperanzado, pensando que ya le tendrían lista una resolución. Y sí, así fue; pero no era la que él esperaba: "Gerardo, eres buen trabajador y no te queremos perder. Pero es evidente que ya ha habido demasiados malentendidos entre tú y tus supervisores. Reconoce que has exagerado la situación. Retira tu queja, y te enviamos a trabajar a otra de nuestras sucursales."

En un principio, Gerardo estaba muy atento y no quería perder palabra de cuanto le decían; pero, en cuanto se dio cuenta que seguían negando sus denuncias y que, si desistía de ellas, le ofrecían mandarlo a un taller que estaba a más de una hora de camino, rehusó.

–¿Cómo? Si tengo excelente historial de trabajo aquí y, además, me queda a 10 minutos de mi casa. ¿Por qué me voy a mover yo, si yo no soy del problema?

El director del departamento de Recursos Humanos lo miró directamente a los ojos y dijo:

–Pues, aquí tengo tu expediente y, según lo que está escrito, tu historial no es tan excelente como dices tú. Mira, aquí tienes varios reportes.

–¡No es posible!

–Pues, piénsalo bien. Hemos tenido paciencia contigo, pero ya se nos está acabando –le advirtieron.

Gerardo salió de la oficina totalmente inconforme. Únicamente quería dos cosas: Que pudiera seguir con su trabajo en paz ahí mismo, donde siempre había estado, y que hicieran algo con su situación. Y rehusó retirar su queja.

Pero las cosas comenzaron a ponerse cada vez más difíciles para él. Muy cierto, ya no sufría acoso sexual; pero era de otro tipo. Por cualquier detalle insignificante, y aun por cosas que no había hecho él, lo culpaban y lo reprendían.

Pasaron unas semanas en las que Gerardo tuvo que trabajar en ese ambiente tan hostil, hasta que un día lo mandaron llamar otra vez y le dijeron en un tono formal: "Gerardo, desde hace algún tiempo, tu trabajo ha sido deficiente y has ido de mal en peor. Hemos tomado una decisión: ya no puedes continuar trabajando aquí. Estás despedido y necesitas firmar estos papeles". Gerardo, incrédulo, les reclamó, y ante su asombro, sacaron del archivo todas las quejas que supuestamente habían ido recopilado a lo largo de sus cinco años de trabajo.

–Mira, aquí tienes las pruebas –y le mostraron los documentos.

–¡Pero es imposible! Yo nunca supe de estas quejas, y por ley, me tenían que mostrarlas y yo tenía que firmar al haberlas recibido.

A lo que el director, viéndolo fríamente, le contestó:

–Pues, aquí tenemos archivado todos los problemas que hemos tenido con tu trabajo y por eso ya no nos conviene tenerte. Aquí está el pago por tus últimas horas trabajadas. Y ahora mismo, te van a escoltar fuera de las instalaciones".

Gerardo, humillado mientras caminaba al lado de dos hombres de seguridad que lo escoltaban hacia la salida, como si fuera una persona indeseable, y delante de sus compañeros de trabajo, sentía que su cabeza daba vueltas. Esto no podía estar sucediendo.

Pero sucedió y, además, las humillaciones no pararon allí, porque al siguiente día, cuando quiso regresar para recoger algunos efectos personales y entregar sus uniformes, ni siquiera lo dejaron entrar al plantel. Pudo entregar los uniformes, pero sus cosas personales nunca las recuperó.

Todo el estrés acumulado en los últimos años, la confusión y culpa a causa del acoso, el sentido de humillación y la impotencia de saber que no podía hacer nada en lo absoluto, llegaron a afectarle profundamente. Gerardo tuvo una crisis mental.

Con anterioridad, Gerardo ya había comenzado a ver un sicólogo, quien al ver la severidad de la crisis que su paciente estaba experimentando, finalmente decidió internarlo por una semana en un hospital de salud mental. Y tomó esa medida porque se temía que Gerardo atentara contra su vida, preso de la desesperación. En esa institución –le dijo el psicólogo– podrían darle la ayuda intensiva que necesitaba con urgencia. Ahí sabrían cómo tratar el síndrome de estrés postraumático que sufría Gerardo.

AHORA SÍ – EL APOYO DE UN EQUIPO LEGAL COMPLETO

Pero había otro tipo de ayuda que Gerardo necesitaba también. En cuanto le fue posible, acudió a nuestras oficinas y nos dijo: "Ahora sí. Estoy listo a poner una demanda."

Por nuestra cuenta, nuevamente nos comunicamos con nuestros colegas en San Antonio, el despacho legal de Adam Poncio.

–Adam, tenemos otro caso en el cual queremos que ustedes formen equipo con nosotros. Es un caso de asedio sexual. Y la víctima es un hombre, padre de familia, ¡que tiene más de 30 años trabajando!

–¡Pobre hombre!

–Sí; es inexplicable cómo las personas en poder tan

fácilmente se pueden aprovechar de su posición para abusar e intimidar a quienes están bajo su supervisión..., pero el Departamento de Recursos Humanos los está protegiendo y respaldando a ellos, no a la víctima. ¡Con razón siguen haciendo de las suyas!

–Pues ya sabes, cuentas con nosotros.

Por fin, Gerardo ya no estaba solo. Tenía un equipo completo de abogados experimentados y comprometidos, listos para pelear por justicia para él.

Hicimos todas las investigaciones requeridas por la ley y hemos metido la demanda. Ahora estamos esperando una resolución.

La acción de Gerardo ha sido valiente. Por lo general, los varones son mucho más renuentes a reportar el acoso sexual, a causa del estigma social, que es muy difícil de borrar. Lamentablemente, como fue el caso de Gerardo, las repercusiones laborales y sicológicas que las víctimas pueden sufrir a causa del acoso son serias. Tanto los hombres, como las mujeres, nunca deben permitir que la vergüenza, el temor, las mentiras, las calumnias o las dudas que han sentido les impidan buscar la ayuda. Una ayuda –tanto legal como sicológica– que necesitan con urgencia, sin temer las repercusiones por haberlo reportado el abuso. Todos los hombres y las mujeres que han sufrido acoso sexual en sus puestos de trabajo tienen derechos y pueden obtener fuertes compensaciones económicas por haber sido víctimas de este delito. Nosotros estamos aquí para ayudarlos.

Recomendaciones – Los derechos del trabajador

OVERTIME

La Ley Federal del Trabajador establece que el patrón debe pagar tiempo y medio cuando un trabajador trabaje más de las 40 horas a la semana.

Por ejemplo, si el trabajador gana $10.00 la hora, debe ganar $400.00 esas cuarenta horas (10 x 40).

Sin embargo, si trabaja más de 40 horas, debe recibir, en este caso, $15.00 (1.5 x $10) cualquier hora por encima de las 40 horas.

Consejos, si usted está trabajando horas extra y no le están pagando tiempo y medio esas horas:

1. Comience a documentar en una libreta todas las horas que ha trabajado..

2. Una de sus primeras opciones es hablar directamente con su patrón y pedirle que le explique por qué no le está pagando el overtime, porque sí existen algunas excepciones a la ley.

3. El peligro de quejarse con el patrón es que, en ocasiones, en vez de resolver la situación, el patrón despide al empleado. Así que tenga mucho cuidado en cuanto a lo que decide hacer. Lo importante es comenzar a documentar sus horas.

4. Tiene derecho a hacer una demanda si es necesario. Puede hacerlo directamente con el Departamento de Labor o puede pedir a un abogado que le represente.

Overtime, continúa:

5.   En muchos casos, los abogados tomamos estos casos con base a un contrato de contingencia. Esto significa que el cliente no tiene que pagar al abogado directamente, sino que él recibirá un porcentaje de la cantidad que se gane en la corte.

5.   Por ley, en estos casos, el patrón tiene que pagar el doble de lo que le debió haber pagado.

ASALTO/ACOSO SEXUAL

Esto desafortunadamente ocurre con frecuencia en los lugares de trabajo. ¿Qué es lo que se debe hacer en estos casos?

1.   Es una situación muy difícil y desafortunadamente muchas personas deciden no hacer nada y simplemente prefieren irse a buscar otro trabajo.

2.   Puede ser muy difícil, pero si a usted lo están tocando indebidamente o le están diciendo cosas de índole sexual inapropiadas en su trabajo, es importante que avise para que se haga una investigación. Hay forma de defender sus derechos.

3.   Empiece a documentar las fechas y las horas y qué fue lo que le hicieron/dijeron. Esto lo debe hacer, ya sea que vaya a permanecer en su trabajo, o si piensa que la persona va a cambiar y ya no va a seguir con esa conducta inapropiada, o aun si está haciendo planes de buscar otro trabajo. Sea cual sea su situación, documente bien y busque ayuda.

TERCERA SECCIÓN

HISTORIAS DE RECLAMACIÓN DE DAÑOS

132

NUESTROS CLIENTES

Carlos ZAMORA
Arregló por la familia

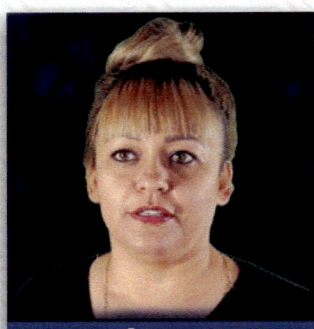

Lluvia IBÁÑEZ
Arregló por la familia

Carla ZUÑIGA
Consiguió una VISA U

Xiomara GARCÍA
Consiguió una VISA U

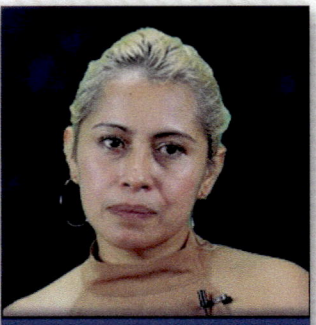

Doris LICONA
Consiguió una VISA U

Juana PÉREZ
Su seguro compensó

ELIZA

Conocimos a Eliza poco después del paso del huracán Harvey por Houston. Muchas personas quedaron a merced de sus seguros que, en la mayoría de los casos, se negaban a cubrir la gran cantidad de daños que había ocasionado la inundación. Eliza, una señora con una gran valentía que nos alentó a seguir trabajando con este tipo de casos, nos cautivó desde que comenzamos a escuchar su historia.

Sin duda alguna, uno de los momentos más duros por los que hemos tenido que pasar los residentes de Houston en nuestra historia reciente, ha sido el huracán Harvey. Ocurrido en agosto de 2017, es considerado como el mayor y más fuerte huracán que ha tocado tierra en Texas y es el que ha dejado más daños materiales.

Texas ha sido muy castigado por el paso de varias tormentas y huracanes que han provocado daños muy graves en extensas regiones del Estado y en ciudades como Galveston, Corpus Christi o Houston. Algunos de ellos han sido muy peligrosos, como el huracán Bret, en agosto de 1999, y el huracán Charley en 2004, que, además de pasar por Texas dañó amplia zona de

Florida. Al año siguiente, en septiembre de 2005, el huracán Rita, causó estragos en Texas, Florida y en La Habana. Y ese mismo año, en octubre, a tan sólo un mes del paso de Rita, el terrible huracán Wilma causó destrozos a su paso por algunas ciudades de Texas, el Caribe y la península de Yucatán. Se recuerdan también las catástrofes provocadas en Houston por los huracanes Ike, a finales de agosto de 2008, y las de Alex dos años después.

DOS HURACANES...

Eliza, quien vivía en Houston, ya había sufrido los daños provocados por Ike y casi diez años después vivió también el paso del huracán Harvey. En esta ocasión, literalmente, ella pudo ver los terribles daños que iba sufriendo su casa. Sucedió todo después del anochecer, cuando Harvey se convirtió en un huracán categoría 4 las últimas horas del 25 de agosto de 2017. Poco más tarde, llegó a Houston. Desde el día anterior, toda la zona había estado recibiendo gigantescas bandas de agua de la parte norte de la gran tormenta. Las inundaciones llegarían a ser catastróficas.

Eliza, una mujer de 82 años con un espíritu de hierro, estaba cuidando de su esposo, Raúl, de 86, que se encontraba enfermo. Precisamente ese 24 de agosto, Eliza había preparado la cena y se sentó unos momentos a ver la televisión. La noticia inundó todos los titulares: "El huracán Harvey viene en camino". A ella no le preocupó demasiado, porque estaba previsto que el huracán perdiera fuerza al tocar tierra. Pensaba que, aunque se avecinaban lluvias intensas, no durarían mucho y, seguramente, irían disminuyendo conforme fuera pasando la tormenta.

Terminada la cena, como todas las noches, Eliza recogió los platos, mientras su esposo se iba a acostar. Pero esa noche sería diferente. Cuando lavaba los platos, empezó a ver que la lluvia se intensificaba. Desde siempre, a ella le había encantado ver caer la lluvia; poco imaginaba en esos momentos que la vista relajante del agua rebotando contra su ventana se convertiría más tarde en su peor pesadilla.

APARENTEMENTE, TODO BAJO CONTROL

Después de recoger la loza, pensó que, antes de ir a la cama, sería una buena idea poner algunas toallas bajo la puerta de entrada de su casa, con el fin de evitar que se metiera el agua, en caso de que subiera el nivel y alcanzara a entrar por debajo de la puerta. En otras ocasiones, con las lluvias del verano, Eliza había tenido que recoger agua por todo el salón y pensó que ese pequeño truco le ahorraría al día siguiente el tedioso trabajo de sacar esa agua.

Estaba cansada y, ya en la cama, Eliza se quedó dormida en seguida. Pasaron las horas y el sonido de un chorro de agua que venía del pasillo la empezó a despertar. Al principio pensó que había dejado abierta alguna llave del agua. Recuerda que era como un ruido constante de agua corriendo; pero se oía mucha agua. Se despertó totalmente. No era tan sólo una llave; tenía que revisar, y en el acto se dio cuenta de que el problema era mucho mayor de lo que esperaba. Jamás hubiera imaginado que toda esa agua venía de la lluvia que caía desde el techo y que, en realidad, no estaba cayendo en el pasillo, sino dentro del clóset de su dormitorio.

Todo el suelo estaba mojado, había casi una pulgada de agua. La casa estaba completamente inundada. Llegó hasta un clóset donde tenía las toallas y agarró las más viejas para tratar de achicar el agua que corría por los suelos. También trató de localizar la entrada del agua por el techo; pensó que podía ser un agujero que se había abierto en el tejado. Sin embargo, Eliza pudo comprobar enseguida que el agua no estaba llegando de un solo sitio y que su problema no iba a ser únicamente el techo, sino que el agua también estaba entrando desde la calle.

Así las cosas, Eliza reunió todo el coraje que llevaba dentro, un valor que la había forjado desde que inmigró a los Estados Unidos. Decidió que lo mejor era salir de ahí en esos momentos. Con mucho esfuerzo, se preparó para dejarlo todo atrás. Impulsada por una gran determinación, se dispuso a abandonar la vivienda, antes de que la situación empeorara y tuvieran que rescatarlos a ella y su esposo.

"Aquella noche fue terrible, una verdadera pesadilla", recuerda Eliza. Al fin, a salvo en casa de su hija, Eliza empezó a pensar en los daños que su casa estaría sufriendo. No podía dejar de pensar en sus muebles, en su ropa, en todos los objetos de valor que había dentro –que no serían muchos; pero eran sus cosas–. Le preocupaba, sobre todo, la propia vivienda, a la que le seguiría entrando agua por al menos durante cuatro días más. Obviamente eso no lo sabía en esos momentos.

HARVEY DESCARGA GRANDES CANTIDADES DE AGUA

El problema de Harvey fue que se convirtió en una tormenta estacionaria, lo que ocasionó que descargara toda el agua en la zona de Houston. Eso duró días, impidiendo que la ciudad tuviera forma de controlar la cantidad de lluvia que se acumulaba por todas partes, inundando absolutamente todo.

Pasaron dos interminables semanas, hasta que la hija de Eliza pudo llegar a la casa para recoger algunas cosas y valorar los daños que había sufrido la casa de su madre. La vista de la vivienda era espantosa. Todo estaba inundado: las paredes rezumaban agua, filtrándose todavía por ahí. Los techos de la casa tenían grandes manchas de agua y los suelos estaban totalmente arruinados. Muebles, ropa, electrodomésticos... Todo quedó dañado.

Sin perder tiempo para poder empezar a recuperar la casa y evitar que se siguiera dañando, la hija de Eliza comenzó los trámites para iniciar un reclamo al seguro de la casa. Ya conocían la forma de hacerlo, porque años antes, con Ike –el huracán que entró en Houston en el 2008–, también habían tenido que reclamar los daños al seguro y habían recibido entonces la cantidad necesaria para reparar los daños que tuvieron esa vez.

Mientras tanto, la salud del esposo de Eliza empeoró mucho. Tuvieron que llevarlo al hospital en varias ocasiones hasta que, un buen día, quedó definitivamente ingresado. Eliza aún estaba viviendo en casa de su hija, pues el seguro no le había dado respuesta a su reclamación y no había podido empezar las reparaciones. Además, con su esposo en el hospital, pasaba con él la mayor parte del tiempo. Tras una larga hospitalización, el esposo de Eliza finalmente falleció.

ESPERANDO LA RESPUESTA DEL SEGURO

Viuda, sola y, además, sin poder entrar todavía a su casa, Eliza empezó a preocuparse por la respuesta del seguro. No había llegado aún. Cuando llamaron a las oficinas, les dijeron que ya les habían dado una respuesta, que la esperaran en el correo; no debía tardar. Ese mismo día, la hija de Eliza fue a casa de su madre y encontró en el buzón la esperada carta del seguro. No se imaginaba que lo que había dentro no era precisamente lo que estaban esperando.

El seguro le pedía a Eliza que mandara documentación. Necesitaban los papeles que justificaran que se habían llevado a cabo los arreglos en la vivienda con el dinero que habían recibido del huracán Ike. Eso había sucedido, nada más y nada menos que 10 años atrás.

La hija de Eliza, una mujer de negocios, inteligente y decidida a ayudar a su madre, trató de buscar los recibos de las reparaciones; pero por desgracia, quien desde siempre se había encargado de todas esas cosas había sido su padre, que al haber fallecido no les podía ayudar con la búsqueda. No podían, por tanto, justificar que una década atrás habían hecho las reparaciones con la indemnización recibida por Ike. De manera que, simplemente, el seguro se negó a pagarles la nueva reparación. Asumían que los daños que tenía la vivienda no eran recientes, sino que ya existían desde Ike.

La hija de Eliza trataba inútilmente de consolar a su madre. No había manera de hacerlo, pues la señora no entendía por qué su seguro se negaba a cubrir los daños en esa ocasión. Viuda, y con el único sustento de la pensión de su esposo, sencillamente no podía hacer frente a los gastos que se le venían encima. Y era muy posible que, si no reparaba la casa, podrían declararla en ruinas y no habría otro remedio que tirarla. Además –se quejaba Eliza–, ella había pagado siempre las cantidades que el seguro le había pedido para cubrir su póliza. No había fallado en el pago de ninguna cuota. Y eso había sido durante años.

Viendo las noticias en las redes sociales, de pronto, a la hija de Eliza le llamó la atención uno de nuestros anuncios en Facebook. Como sabía que el seguro de su madre estaba siendo injusto con ella, aprovechándose de su edad y de la imposibilidad de encontrar los recibos de las reparaciones anteriores, se dispuso a poner el caso en nuestras manos.

UN ACIERTO: ELIZA ACUDE A NUESTRO DESPACHO

Cuando conocimos a Eliza, rápidamente nos sentimos afortunados de poder ayudarla. Sabíamos que debíamos luchar con todo nuestro conocimiento de la ley y todos nuestros recursos, para hacerle justicia a Eliza.

Empezamos el caso estudiando muy a fondo su póliza. Necesitábamos entender qué era lo que estaba argumentando la compañía, para determinar bien cómo teníamos que proceder. Lo primero que hicimos fue juntar los documentos;

después, leímos la carta de rechazo. Vimos que la compañía de seguros hacía referencia a una cláusula que decía que, si la persona reclamaba daños parecidos a los que había sufrido en el pasado, debía justificar que los daños que se querían reclamar esa segunda vez, no eran daños anteriores y que no habían sido reparados con el dinero ya recibido.

La aseguradora pedía que se le entregaran documentos en los que se demostrara que, efectivamente, los daños anteriores habían sido reparados en su momento; pero al ser tan antiguos y al haber fallecido la persona que conservaba esos papeles, era punto menos que imposible.

Pensar en Eliza, una anciana de 82 años, viuda recientemente y con una casa inhabitable, nos inspiró a no cesar en nuestro empeño de buscar una solución. Decidimos que, si no podíamos demostrar que sí se habían reparado los daños anteriores, podríamos intentar lo contrario. Esto es, demostrar que los daños que tenía la casa eran recientes. Estudiando la póliza, vimos que, si demostrábamos que los daños eran actuales, la aseguradora tendría que hacerse cargo de las reparaciones.

Nuestra estrategia fue contratar a un inspector para que revisara los daños de la casa –hasta con microscopio, de ser necesario–, para recabar todas las evidencias, a fin de que no quedara duda alguna de que los daños que tenía la casa eran el resultado del huracán Harvey, en 2017, y no los que había sufrido a consecuencias del Ike, en 2008.

CON LAS PRUEBAS EN LA MANO

Una vez hecho esto, nos presentaríamos con todas las pruebas a una reunión con la compañía aseguradora. Debíamos convencerlos de que contábamos con las pruebas suficientes para demostrar que el reciente daño había sido a causa de Harvey y que los daños ocasionados por Ike habían sido cubiertos y se habían hecho en su tiempo las reparaciones pertinentes.

Nuestro inspector, con años de experiencia, examinó minuciosamente las maderas de la estructura de la casa, con el fin de demostrar que no había signos de podredumbre, decoloración o pulverización de las vigas, que son signos evidentes de que los daños son antiguos. También sacó clavos y tornillería para demostrar que estaban limpios de oxidación. El inspector nos entregó un informe impresionantemente bien documentado, con el que podíamos tener argumentos sólidos en la mesa de negociaciones con el seguro.

Una vez que tuvimos el informe en la mano, estábamos preparados para enfrentarnos al seguro. Nos sentamos con los agentes de la aseguradora, que seguían insistiendo en recibir la documentación de las reparaciones de Ike. No se esperaban que llegáramos con una prueba mucho mejor. Cuando empezaron a ver el informe, por su volumen y por su profundidad, no tuvieron más remedio que aceptar que había quedado demostrado, sin género de duda, que los daños que tenía la casa eran muy recientes, que no eran de hacía 10 años.

Antes de que un litigio en la corte les pudiera costar más dinero y mala publicidad y, a sabiendas de que seguramente perderían el caso ante un juez, el seguro aceptó entregar a Eliza una cantidad suficiente para hacer frente a los daños que había sufrido. Así, podría al fin volver a su casa.

Aún recuerdo, como si fuera hoy, el día en el que le entregamos el cheque a Eliza. Le avisamos que debía presentarse en nuestras oficinas, pero no le dijimos nada. Queríamos ver la cara de esta mujer entrañable, a la que habíamos podido defender, después de haber sido tratada tan injustamente. Cuando le dimos el sobre con el cheque, Eliza pensaba que le estábamos entregando un documento sin importancia. Al ver su cheque, sus ojos se llenaron de lágrimas. Su hija, nuestro abogado, su asistente y Eliza, se fundieron en un abrazo de victoria, que todavía hoy nos sigue inspirando con cada caso.

INGRID

ngrid, a sus 72 años, es una mujer llena de vida. Ella se describe diciendo: "Yo no soy una abuela ni una bisabuela normal. Me encanta bailar zumba y subirme a los juegos mecánicos que dan más miedo. Todas las mañanas salgo a caminar y mis vecinas que vienen conmigo no me pueden alcanzar. Siempre he pensado que, para la buena salud, hay que enfrentar la vida, en las buenas y en las malas, con buen humor". Uno pudiera concluir que a una mujer como Ingrid no le gana nadie. Pero, aun así, después del huracán Harvey, su aseguradora logró convencerla de que no tenía caso que ella insistiera en que le pagaran la cantidad justa que cubriera los gastos de los daños ocasionados a su casa.

Ingrid vivió con sus padres y sus hermanos en México los primeros 14 años de su vida –en un principio en la capital de la República Mexicana, después en Monterrey y finalmente en Nuevo Laredo, donde se instalaron y vivían muy a gusto–. Pero poco después, la tragedia llegó a su familia cuando su papá falleció. Su mamá, ante la difícil tarea tener que mantener sola a seis hijos, siguió el consejo de familiares y amistades: "Si ya de por sí viven en la frontera, es mejor que de una vez crucen a los Estados Unidos, porque allá vas a encontrar trabajos mucho mejor pagados". Y así lo hicieron.

UNA NUEVA VIDA PARA INGRID

Aunque, por supuesto, la pérdida de un papá es siempre bastante difícil, con el tiempo, Ingrid y los demás miembros de su familia se adaptaron a su nueva vida. Ella terminó sus estudios y se casó. Su primer matrimonio no funcionó; pero poco tiempo después, se volvió a casar y tuvo seis hijos con su segundo marido. Con el paso de los años, sus hijos también crecieron, formaron sus propios hogares y a su vez también tuvieron hijos. Ingrid dice que ya ni intenta contar la cantidad de nietos que tiene; pero sí sabe que los bisnietos son 10.

Todo fue bien durante algún tiempo y ella disfrutaba viendo la grande y hermosa familia que había logrado formar; pero, años después, la tragedia nuevamente llegó a su hogar. Una de sus hijas murió de leucemia y dejó huérfanos de madre a dos hijitos, uno recién nacido y otro de dos años. Catorce años después, el papá de los niños también murió. Desde entonces, el nieto mayor, Damián, quien ahora cuenta con 20 años, vive con Ingrid, mientras que el menor vive con la otra abuela. Pero con todo, Ingrid dice: "Sí, es verdad; he pasado por cosas bonitas en la vida y también por cosas muy feas. Pero para nada estoy amargada, porque siempre he contado con un Dios que me ayuda."

Ingrid tenía una casa de buen tamaño, que había decorado a su gusto. Además de que era su propio refugio, la había sabido convertir en un verdadero hogar, donde le encantaba recibir a su familia, a sus amistades y, por supuesto, donde los amigos de su nieto eran siempre bienvenidos. .

En 2009, como tantas otras personas que viven en el área de Houston, Ingrid y su familia vivieron el paso del terrible huracán Ike y posteriormente el de Rita. Su casa sufrió algunos daños entonces; pero no fueron serios. Así que cuando se enteró de que ya se aproximaba Harvey, no estaba muy preocupada.

–Mamá, vénganse tú y Damián para acá. ¡No deben quedarse los dos solos en la casa! Puede ser muy peligroso…

Escuchó ruegos similares de varios de sus hijos y de sus nietos. Pero no hizo caso en un principio. Y, después de consultar con Damián, Ingrid que les dijo que no. Ella prefería la seguridad de su casa.

–Aquí nos vamos a quedar. La casa está segura. Además, las carreteras y las calles ya están saturadas de carros que tratan de huir de la ciudad. ¿Qué tal si nos quedamos atrapados en la carretera cuando llegue toda el agua? No. Estamos mucho mejor aquí.

LA TORMENTA ARRECIA

A la larga, fue una buena decisión, porque efectivamente, cientos de carros quedaron atrapados en el agua y los rescatistas tuvieron que sacar a muchas personas.

Y sin más, Damián y ella siguieron haciendo lo acostumbrado e intentaron vivir las siguientes horas como si todo fuera normal, como lo habían hecho otras veces esperando que pasara un temporal. El primer día pasaron muchas horas viendo las noticias en el nuevo televisor de 60 pulgadas que Ingrid recién había comprado. Era su gran orgullo. ¿Cuándo se iba a imaginar que algún día podría tener un televisor así?

Pero ya para el segundo día, cuando ya resultaba imposible huir de la realidad, abuela y nieto se dieron cuenta de que las cosas NO eran normales; era mucho peor que cuando habían pasado otros huracanes. Era ensordecedor el ruido de los vientos que se estrellaban contra el techo y las paredes, sacudiendo puertas y ventanas. Además, el sonido fuertísimo de la lluvia repiqueteando incesantemente hacía casi imposible poder escucharse el uno al otro; tenían que gritar –ni aun podían oír la tele a su volumen más alto–. Damián prefirió retirarse a su recámara y escuchar música con sus audífonos que, de alguna manera, amortiguaban el ruido. Por su parte, Ingrid decidió ir a la cocina para ponerse a cocinar, algo que disfrutaba hacer y que siempre le producía cierta calma.

Allí estaba, cuando de repente escuchó un ruido tan fuerte que por un momento no supo qué pensar. Luego, ella y Damián, casi simultáneamente, corrieron al cuarto donde habían estado apenas unos minutos antes: Asombrados, observaron cómo el agua entraba desde el techo e inundaba toda la sala. La tele que Ingrid –gracias a Dios– había apagado y desenchufado, estaba cubierta de agua. Mientras miraban todavía incrédulos.

De repente, escucharon un gran estruendo desde arriba; alzaron los ojos y vieron que había caído un gran pedazo del techo, rozándole el brazo a Damián. Unas cuantas pulgadas más y posiblemente hubiera quedado seriamente herido. Había otra sorpresa más: el hoyo en el techo era de tal tamaño que podían ver el cielo oscuro sobre su cabeza. Revisaron todo y vieron que dos habitaciones más de la casa también tenían goteras y daños en las paredes.

UN GRAN ESTALLIDO

Pero hubo algo más que estuvo a punto de convertirse en tragedia. Todavía estaban Damián e Ingrid en la sala cuando de repente escucharon un estallido y el crujido de un vidrio al romperse. Corrieron a la pieza de Damián y vieron que los vientos habían deshecho totalmente una ventana. ¡Afortunadamente no había nadie en ese cuarto cuando ocurrió! Y no sólo se rompió el vidrio, sino que, debido al aire y a la humedad, el marco de la ventana se había desprendido por completo; sólo quedaban astillas regadas por todas partes.

Al ver cómo la lluvia invadía toda la casa, poco podían hacer Ingrid y Damián con el agua que inundaba los pisos y que corría por todas partes. De momento, sólo podían observar los daños: las paredes se habían hinchado por el agua, los pisos de linóleo estaban se levantados, algunos muebles y aparatos domésticos –además de su televisor– se veían totalmente arruinados y era imposible contener el agua que caía de las goteras. Más tarde, cuando se calmaron los vientos, pudo llegar uno de los hijos de Ingrid, quien vivía cerca, y decidió hacerle un "arreglo" al techo. Funcionó muy bien, pero el daño ya estaba hecho. Se había dañado y levantado la teja del techo y no había duda de que iban a ser necesarias varias reparaciones muy grandes –y muy caras, por supuesto– en el interior de la casa y en el techo.

Cuando todo se calmó, Ingrid y su nieto hicieron de inmediato lo que se tenía que hacer: Tomaron fotos de todos los daños y enviaron su reclamo a la aseguradora. Días después, por fin llegó un inspector para revisar los daños. El hombre rápidamente hizo lo suyo y, cuando Ingrid trató de hacerle algunas preguntas, simplemente le contestó que él no le podía decir nada: "Espere usted la respuesta de su aseguradora. Es todo lo que puedo decirle." Y luego se fue.

PASAN LOS DÍAS: EL CHEQUE NO LLEGA

Ingrid contaba los días para que le llegara un cheque, como había sucedido en ocasiones anteriores. Apenas podía esperar tener el dinero para empezar a hacer las reparaciones de la casa en la cual ella había puesto tan empeño. Por fin llegó la carta de la aseguradora que tanto estaba esperando; pero, cuando abrió el sobre, lo primero que notó fue no había ningún cheque incluido. Y cuando leyó la carta, ¡apenas lo podía creer! Su aseguradora decía que la suma que le iban a dar era la misma del deducible de su póliza. Que por los daños que su casa había sufrido, no le iban a dar nada. Ingrid leyó la carta varias veces para asegurarse de que había entendido bien. Pensó en su televisor nuevo: "¡Sólo la tele me costó casi tanto dinero como la cantidad del deducible!" –se dijo.

De inmediato, llamó por teléfono a la aseguradora para hacerles saber su inconformidad.

–Tiene que haber un error –le reclamó–, porque mis daños fueron muchos. Por favor, necesito una nueva inspección o que ustedes reconsideren la cantidad que me ofrecen. Es absurda.

–No se puede, señora; la evaluación del ajustador es la decisión final. No hay más que hacer– le dijo terminantemente una persona al otro lado de la línea.

Ingrid colgó el teléfono sabiendo bien que eso era una injusticia; la suma que le ofrecían era ridícula. Pero, ¿qué podía hacer ella si ya le habían dicho que no había manera de cambiar la decisión que habían tomado? Ella pensó: "A mí no me gusta meterme en pleitos, así que dejaré las cosas tal como están. No más problemas."

Como pudo, durante el año siguiente, poco a poco, hizo algunos arreglos. Pero ella no tenía ni el dinero ni la forma para hacer todas las reparaciones necesarias. Y aunque se había dado por vencida pues no quería ningún pleito, seguía inconforme.

UN AÑO DESPUÉS

Ya había pasado un año y ella había procurado continuar con su vida normal, dentro de lo posible, pues muchas de sus pertenencias se habían dañado y la casa tenía desperfectos graves que no había sido posible reparar por falta de dinero. Una mañana, Ingrid decidió salir a hacer algunas compras y se dirigió a un *flea market* –mercado de segunda mano–. Estaba seleccionando alguna mercancía que iba a comprar, cuando vio a una mujer que estaba dando información sobre reclamo de daños ocasionados por el huracán Harvey. Al acercase Ingrid a la señora, quien se presentó como representante de nuestro despacho, y le pregunto:

–Pero…, ¿es cierto lo que acabo de oír? ¿Ustedes ayudan a las personas que sufrieron daños por Harvey?

–Sí, señora. Dígame usted, ¿su casa tuvo daños el año pasado a causa del huracán Harvey?

–Sí, claro, y muy graves –contestó Ingrid, bastante sorprendida por la pregunta.

–Explíqueme con más detalles qué le pasó a su casa…

Y de inmediato, se puso a contarle todos los daños que había sufrido. Y cuando la otra dama —nuestra representante—le preguntó si su seguro había cubierto los daños, Ingrid no tardó en mostrar su inconformidad.

–Sí, me dieron algo… Fue muy poco. Por supuesto que la cantidad que no alcanzó para nada. Era ridícula. Pero ya no quise pelear con la aseguradora y dejé todo por la paz.

–Aquí tiene nuestra tarjeta, señora. Llámenos. Nosotros le podemos ayudar –le dijo nuestra representante.

–Pero…, en la aseguradora me dijeron que no hay nada más que hacer –replicó Ingrid.

–No pierda la esperanza, señora. Manuel Solís y su equipo de abogados han resuelto muchos casos como el suyo. Seguro encontrarán también una solución para su problema, señora.

MANUEL SOLÍS Y SUS ABOGADOS TOMAN EL CASO

Ingrid, con un nuevo ánimo, llamó casi inmediatamente a nuestras oficinas y le dijimos que sí. Seguro que tomaríamos su caso. Enviamos a nuestros propios expertos para que fueran a su casa y revisaran los daños. Recibieron las fotos que Ingrid había tomado –siempre son muy importantes las fotos cuando uno necesita hacer un reclamo– y le pidieron los recibos de algunos de los gastos que Ingrid ya había hecho. Luego, en nuestras oficinas, nos dedicamos a trabajar para conseguir lo justo para Ingrid.

El proceso se tardó varios meses, pero la aseguradora que le había dicho a Ingrid que ya "no había nada más que hacer" al fin cedió y entregó un cheque por varios miles de dólares. Cuando le informamos a Ingrid, casi no podía contener la alegría.

Ahora, Ingrid nuevamente ha podido arreglar su casa a su gusto. Y sin duda, en estos momentos, después de haber cumplido su horario en la agencia de beneficencia donde trabaja, ya ha regresado a casa, donde nuevamente recibe a su familia, a sus amistades y a los amigos de su nieto. La podemos imaginar descansando, mientras mira uno de sus programas favoritos en su nuevo televisor.

152

NUESTROS CLIENTES

Antonia GONZÁLEZ
Consiguió una VISA U

Carlos ZUÑIGA
Consiguió una VISA U

Estela PÉREZ
Su seguro compensó

Víctor BENÍTEZ
Evitó la deportación

Orlando PALMA
Evitó la deportación

Imelda SÁNCHEZ
Le concedieron asilo

Recomendaciones – Reclamación de daños

Si usted cree que su casa ha sufrido daños después de una tormenta (vientos fuertes, granizo, huracán, tornado, etc.).

1. Inmediatamente tome muchas fotografías de todas las áreas donde hay daños, tanto dentro como fuera de su casa.

2. Hable a su Compañía de Seguros lo más pronto posible – inmediatamente si puede –. Tome en cuenta que la aseguradora estará recibiendo muchísimas llamadas, lo cual puede causar largas demoras, así que entre más pronto llame usted, mejor. Tenga siempre a la mano su Hoja de Declaraciones de la Compañía de Seguros donde dice qué es lo que su seguro cubre, el deducible e, incluso, el número a dónde debe de llamar.

3. Al hablar con la Compañía de Seguros, es importante que tome muy buenos apuntes de todas sus conversaciones con la Compañía, pidiendo que ellos también le envíen por escrito lo que dijeron. Puede también grabar las conversaciones con ellos (en algunos estados, por ley, debe avisarles que lo está haciendo).

4. Aun si no ve daños inmediatamente, pero ha habido una tormenta fuerte (vientos, granizada, etc.) es posible que su casa haya sufrido daños que no son visibles. Por ejemplo, si usted ve que su(s) vecino(s) sufrió (eron) daños en su casa, y la están reparando, es probable

Reclamación de daño, continúa:

que su casa también haya sufrido daños. En tal caso, es importante que se haga una inspección de su techo. Tiene tres opciones para la inspección. Llamar a su compañía de seguros, a un "techero" o a un abogado. Si llama a nuestras oficinas, enviaremos a alguien para inspeccionar el techo gratuitamente y sin ningún compromiso para usted. O, si usted inmediatamente hace un reclamo a su Compañía de Seguros–aun si usted no puede ver los daños– ellos están obligados a enviar a alguien para hacer la inspección. Importante: No se suba al techo usted mismo. No se arriesgue.

5.   Siempre lo mejor es esperar que su Compañía de Seguros haga su inspección antes de iniciar las reparaciones. Pero, si son reparaciones que urgen, y no puede esperar, es muy importante que tome fotos y video de todas las reparaciones, y que también guarde toda su documentación, tal como los recibos y las facturas.

6.   Si su Compañía de Seguros le ofrece cierta cantidad de dinero, pero usted no está conforme con la cantidad, no firme nada. Una vez que usted haya firmado, puede limitar lo que usted pueda hacer más adelante.

CUARTA SECCIÓN

HISTORIAS DE INMIGRACIÓN

NUESTROS CLIENTES

Telma MIJANGO
Ya es ciudadana

Santiana CRUZ
Ya es ciudadana

Carlos VEGA
Le concedieron asilo

Shalom RODRÍGUEZ
Le concedieron una DACA

Alma GARCÍA
Arregló por la familia

Martín GUTIÉRRES
Hizo proceso consular

TAMARA

La historia de Tamara comenzó en algún lugar de la República de Honduras. En aquel entonces, la situación política de ese país centroamericano era muy difícil. El padre de Tamara había abandonado el hogar antes de que ella naciera; no le importó dejar a la bebé ni a sus otros cuatro hijos, Josué, Julio, Elena y Antonia.

Era muy pequeña cuando Tamara conoció el miedo y la violencia. Como su madre era activista política de derechos humanos, debían cambiar de casa constantemente, ya que las autoridades tenían a su familia siempre vigilada. Era inútil buscar la protección de la policía, pues no estaba para proteger a la gente del pueblo, sino que se dedicaba al servicio de la clase política.

Todo se precipitó una soleada mañana de 1998, cuando Tamara y sus hermanos quedaron en casa al cuidado de su tío Fernando, hermano de la mamá, quien había tenido que salir para ir a una entrevista con un hombre importante y con la prensa; iba a discutir sobre el despojo de unos terrenos que pertenecían a sus vecinos.

Fernando no era mucho mayor que sus sobrinas, sin embargo, no era la primera vez que se quedaba con ellos a cuidarlos. Tamara no ha podido borrar de su mente ese día que la marcaría para siempre. Recuerda que estaba acompañada por una de sus hermanas, cuando vieron llegar a un hombre uniformado, que se acercó a Fernando para preguntarle por su hermana, la mamá de Tamara. Dijo que iba por órdenes de un líder político importante. El muchacho no quiso contestar; pero, como se dio cuenta de que no lo dejarían tranquilo si no le daba información, inventó algo, cualquier cosa, pues quería ganar tiempo... Como Fernando insistía en contestar en que su hermana estaba ocupada y que no sabía cuándo regresaría, se acercaron otros hombres y, al ver que no lograban nada, se impacientaron. Uno de ellos sacó una ametralladora AKA-47 y empezó a dispararles.

UN ESCUDO HUMANO

Sólo un milagro pudo salvar a esas niñas; pero no así a su tío Fernando. En su desesperación, el muchacho las cubrió como un verdadero escudo humano para que las balas no alcanzaran a sus dos sobrinas. Y lo consiguió, sí, pero a costa de su propia vida. Fernando recibió nueve balazos y Tamara volvió a nacer ese día, cuando sólo contaba con 8 años.

Pasó el tiempo y la madre de Tamara encontró un nuevo amor en Darwin, un vigilante de seguridad de la colonia donde vivían. Un hombre fuerte, que conocía técnicas militares y era hábil en el manejo de armas, lo que le dio la impresión de "seguridad" a la madre de Tamara. Ella pensó que, después de la pérdida de su hermano Fernando, tener a un hombre en casa le ayudaría a proteger a sus hijos de posibles amenazas. Así sucedió, durante algunos años, en los que vivieron más tranquilos.

La pérdida de su tío Fernando fue tan sólo el inicio de una serie de acontecimientos que marcarían la vida de Tamara. Y no sería la única. También la muerte de su primo, Osman, le afectó profundamente, pues eran de la misma edad y desde muy pequeños jugaban juntos. Se tenían un cariño muy especial. Por desgracia, la violenta situación política de Honduras no respetaba a nadie. Siendo aún un niño, Osman fue secuestrado y torturado por un grupo paramilitar para obtener dinero. El niño no soportó el cautiverio y murió por las heridas y el maltrato sufridos.

A los 13 años la vida había forzado a Tamara a madurar muy rápido. Siendo tan sólo una adolescente, ya había vivido muchas situaciones muy difíciles, más de las que un adulto puede llegar a vivir durante toda su vida. Pero Tamara era joven, lista e inteligente. Y, sobre todo, fuerte, muy fuerte.

Su madre continuaba con su activismo político, por lo que salía muy constantemente a reuniones y actos públicos y los chicos se quedaban al cargo de Darwin, su padrastro. Tamara empezó a florecer; su cuerpo se desarrollaba al mismo tiempo que alcanzaba una gran madurez emocional. A su padrastro Darwin no le pasó desapercibida la frescura de joven en la que Tamara se había convertido. En una ocasión, cuando la madre se ausentó varios días para asistir a un Congreso Nacional en la capital, Darwin aprovechó para acercarse a la niña. La violó.

OBLIGADA A GUARDAR SILENCIO

Darwin sabía que no tenía qué perder. Tanto los niños como la madre dependían de él; Tamara era inteligente y entendería perfectamente cuál era su posición de poder en esa familia. La obligó a guardar silencio y la amenazó: si decía una palabra de lo sucedido, los abandonaría a su suerte. Como en ocasiones anteriores ya se habían dado algunos episodios violentos en los que Darwin había demostrado su poder, Tamara realmente temía que pudiera irse de casa y dejarlos desamparados a su suerte. Y calló.

Pero la violencia no se detuvo ahí. Poco tiempo después de la violación, además de continuar con el abuso, Darwin empezó a maltratar a la mamá de Tamara, con una violencia despiadada. Tamara tenía mucho miedo de que cumpliera su palabra y que los abandonara. Como todavía a esas alturas su madre ignoraba totalmente lo que estaba pasando con su hija, aguantaba los golpes y los insultos para evitar que su familia quedara desprotegida.

Pasó el tiempo y cuando Tamara ya había cumplido los 17 años, las violaciones ya no eran esporádicas; se hicieron más constantes. Aunque Darwin había sido muy precavido y se había cuidado de no embarazar a Tamara, en una ocasión llegó tan borracho que nuevamente abusó de ella. Esa vez, la joven quedó embarazada de su padrastro.

Fue en ese momento, cuando Tamara decidió ir a vivir unos días con su hermana mayor, que ya estaba casada, y tuvo la confianza suficiente para contarle lo que había vivido. La madre se enteró del embarazo de su hija y supo entonces del terrible el abuso que había sufrido durante todos esos años. En ese momento, fue a pedirle perdón a la joven por no haber sabido protegerla.

AL ENFRENTAR AL PADRASTRO

La madre de Tamara no era una mujer a quien las circunstancias pudieran vencer. Tenía una fuerza extraordinaria y un poder de decisión poco común. Al llegar a su casa, decidió enfrentar directamente a Darwin y reclamarle, sin importar las consecuencias, la vileza de su conducta. Sabía que la familia tendría que quedarse nuevamente sola, pero no le importó. Naturalmente, Darwin no iba a soportar la furia de la mujer sin reaccionar con más violencia. Sacó un machete y se abalanzó contra la mamá de Tamara. Casi la mata durante la reyerta. El hombre tenía una doble ventaja: no sólo estaba armado, sino que era un experto militar de extraordinaria fuerza física y, como si eso fuera poco, estaba ahí uno de sus hermanos, quien cobardemente lo ayudó. La doble e infame agresión dejó muy malherida a la mujer. Pero, algo sucedió a último momento, pues los dos hombres salieron huyendo del lugar y no la mataron.

La mamá de Tamara demostró una vez más su gran fortaleza y sobrevivió al ataque. Decidieron entonces irse a vivir con una tía que les ofreció ayuda. La familia de Tamara apoyó a la joven durante esos meses, aunque sabían que era un embarazo no deseado por ser producto de una violación. Pero respetaron la decisión de Tamara de tener al bebé.

Una de las cosas más duras por las que Tamara tuvo que pasar fue haber decidido no abortar. Y tuvo que hacerlo sola, aunque quizá aún no tenía la edad suficiente para tomar una decisión de esa naturaleza; pero la elección debía ser exclusivamente suya.

Al cabo de algunos meses, nació Helen Nicole, una bebé hermosa, sana y fuerte, a quien la madre de Tamara decidió registrarla como su hija, para poder protegerla. Los papeles oficiales decían que la hija de Tamara era su hermana. La madre creía que su vida iría mejor de ahí en adelante, con la pequeña, con Tamara y con su familia.

Las cosas no tardarían en cambiar. Cuando pensaban que todo iba muy bien, el esposo de la tía empezó a inquietarse y a ponerse nervioso. Tal vez había recibido alguna información o alguna amenaza; simplemente se mostraba muy inquieto. No daba explicaciones, sólo se le veía así, hasta que un día, sin decir algún motivo concreto, le pidió a la familia de Tamara que dejaran la casa:

—Es por su seguridad. Es mejor que se vayan —dijo—. La verdad, es que están poniendo en peligro a mi familia.

De esta manera, Tamara, su madre y la bebé tuvieron que dejar esa casa, que había sido su refugio temporal.

EN PELIGRO DE SER ASESINADOS

Nuevamente estaban solas, buscando algún sitio donde vivir. Al no tener ninguna otra salida, tomaron la difícil decisión de regresar a su casa, aun con el temor fundado y muy real de ahí podían ser asaltados y asesinados todos.

Así estuvieron algunos meses; pero una vez, cuando Tamara regresaba de su trabajo, atenta como siempre, vigilando por si había alguien a su alrededor, sintió algo extraño. Faltaban pocos metros para llegar a su casa, cuando fue sorprendida por un sujeto armado con una pistola y un machete. Tamara no tuvo tiempo de reaccionar: el sujeto la agarró por la garganta y le dijo con voz firme:

–¡Voy a tomar tu sangre!

Tamara se paralizó de miedo. El tipo la arrastró varias cuadras lejos del camino principal, jalándola del pelo mientras le gritaba:

–¡Y vas a ver! ¡Voy a matar a tu madre! La voy a matar peor que a un animal.

Tamara no entendía lo que estaba pasando. Sólo sabía que un hombre la estaba atacando y que quería matar a su madre.

Sin poderse zafar, Tamara primero pensó en pedir piedad para ella y para su pequeña hija; pero en seguida, como una ráfaga le cruzó el pensamiento de que, si el hombre quería matar a su madre y la estaba agrediendo a ella, si se enteraba de que tenía una hija pequeña, la lastimaría también o la podría usar como rehén –en cuestión de segundos Tamara pensó en estas posibilidades–. Prefirió ocultarlo para proteger a su hija.

Aunque Tamara sabía que podía terminar muerta, le sorprendió que su agresor la estuviera golpeando con tanta saña y que no le hubiera disparado en seguida. Primero la golpeó en la cabeza con la cacha de la pistola; después la tiró al suelo y empezó a patearla con gran furia. Cuando, en un esfuerzo por zafarse, Tamara se puso de pie, el agresor sacó un machete con el que le hizo varias heridas en los brazos, por más que ella trataba de protegerse.

UNA VIOLENTA AGRESIÓN

Nadie, absolutamente nadie, salió a ayudar a la muchacha, a pesar de que la violenta agresión había durado más de diez minutos. Pero un vecino, Lolo, que en ese momento pasaba cerca, escuchó los gritos de auxilio de Tamara y acudió en su ayuda. Lolo no era un hombre fuerte; nunca había estado en ningún altercado y mucho menos en alguno con ese tipo de violencia. De cualquier forma, era valiente y no dudó en acercarse para, al menos, tratar de convencer al agresor que no siguiera golpeando a la muchacha. Pero el tipo no parecía temerle a nadie, mucho menos al pobre Lolo.

De pronto, Lolo se vio también envuelto en una violencia que crecía cada vez más. El sujeto había redoblado el ataque con más saña, al ver que alguien intervenía y que trataba de detenerlo. Tal vez los gritos y el ruido habían aumentado; tal vez los vecinos se compadecieron de la joven; o tal vez se habían reunido varias personas y, ya envalentonadas porque eran más, acudieron al lugar para tratar de salvar a Tamara. Algunos hombres llevaban armas y dispararon al aire para tratar de ahuyentar al agresor. A poco, el grupo creció aún más y el agresor se dio cuenta de que no podría luchar contra tantos. Finalmente escapó y Tamara quedó malherida en el suelo. Aunque varios vecinos habían avisado a la policía, ésta nunca llegó.

Al día siguiente de su encuentro con la muerte, Tamara hizo una denuncia formal ante la policía de Honduras. Se presentó en una comisaría con la esperanza de conseguir, al menos, que investigaran el caso y detuvieran al responsable que la había atacado y que la había amenazado a ella y a su madre.

La respuesta de la policía fue brutal. Al mostrarles las heridas producidas por los machetazos y describir detalladamente el encuentro con su asaltante, le dijeron que la denuncia no iba a proceder, ya que ella misma se había ocasionado las lesiones. La acusaron de haber atentado contra su propia vida. El hecho de que Tamara tuviera testigos dispuestos a declarar a su favor y que apoyaran su versión no importó.

ABANDONANDO EL PAÍS...

Tampoco importó que Lolo también hubiera salido herido en el ataque. Ante la irresponsable y terrible respuesta de las autoridades, Tamara se dio cuenta de que su vida peligraba y que ella y su hija debían de salir del país de inmediato.

Toda la familia le rogó a la madre de Tamara que abandonara Honduras. La situación era insostenible y el miedo con el que se vivía entonces era cada vez más intenso, conforme iban ocurriendo episodios que llevaban a los habitantes más y más cerca de la muerte.

No había razón para quedarse en el país. Aunque Tamara veía con claridad la situación, sabía que sin su madre no llegaría muy lejos. Así que tomaron la decisión de ir a los Estados Unidos; pero el camino hacia la frontera era largo y muy difícil. Además, con una niña pequeña parecía casi imposible.

Con mucho dolor y abandonando todo sin mirar atrás, la madre de Tamara vendió todo lo que tenía y le dijo un adiós definitivo a la tierra que la vio nacer y por la que tanto había luchado. Ésa fue la primera vez que la mamá de Tamara antepuso a su hija a su activismo político. Se había dado cuenta de que, desde ese momento, su función como pilar de la lucha por los derechos de los más desfavorecidos en su país se había acabado. Desde ese momento, debía dedicarse totalmente a su hija y a su nieta.

Madre, hija y nieta salieron rumbo a México. Llegaron a la ciudad de Tapachula, Chiapas, en 2006. La mamá de Tamara no estaba segura que los dejarían en paz, sabía que las personas que estaban en Honduras la seguían buscando y eran capaces de llegar hasta México. No se darían por vencidas hasta encontrarla.

Para no poner en peligro a Tamara, su madre le dijo que intentaría cruzar hasta los Estados Unidos y quedarse ahí. Sabía que con una niña pequeña sería muy difícil tratar de cruzar; pero, si iba ella sola, al menos podría intentarlo y podría llegar a pasar del otro lado. Así fue como la mamá de Tamara, con todo el dolor de su corazón, tuvo que abandonar a su hija y a su nieta en México, con el fin de desviar la atención de las personas que andaban buscándola para matarla.

A BUSCAR TRABAJO EN TAPACHULA, MÉXICO

Tamara, sola en México con su hija, decidió buscar trabajo para pagar sus gastos y poder quedarse un tiempo en Tapachula, en lo que decidía qué hacer. Su primer trabajo fue en un mercado, donde conoció a Luis, un chico joven que desde un principio ofreció ayudarla en todo lo que necesitara. No tardaron mucho en enamorarse y, después de siete meses, comenzaron a vivir juntos. Dos años después, Tamara quedó embarazada y nació Anthony Román. La pareja vivía tan contenta en México, que Tamara casi se había olvidado de su meta final: llegar a los Estados Unidos para reunirse con su mamá. En esos tres años que habían pasado, Tamara había aprendido a olvidar y a ser feliz.

Pero un día de 2011, la felicidad de Tamara se transformó de nuevo en pesadilla. Un hombre desconocido la saludó en la calle y la siguió en su auto. Como un rayo, los recuerdos que con tanto esfuerzo había olvidado vinieron a su mente. Empezó a recordar, como en una película, los horrores que con tanto esfuerzo había tratado de borrar. Se puso en alerta y todo su cuerpo se tensó. Logró dominarse y, tras varias vueltas, logró perder al hombre. Su tranquilidad se había esfumado.

Cuando llegó a casa, le contó a Luis algunos detalles de su vida pasada en Honduras que aún no había compartido con él. Trataba de convencerlo:

–No, Luis, lo que pasó hoy no fue casualidad. Estoy segura. Me están buscando porque quieren encontrar a mi mamá.

Tamara había sabido que el mismo año de 2006, a poco de haber llegado a México, dos de sus hermanos habían sido asesinados en Honduras por tratar de ocultar el sitio a donde habían escapado su madre, su hermana y su sobrina. A su vez, Luis recordó en ese momento que a uno de sus compañeros lo habían golpeado sin motivo aparente y que había sido secuestrado hacía poco. Los dos pensaron que podría tratarse de un grupo hondureño que estaba intentando obtener información del paradero de la madre de Tamara para matarla. Como ya los habían localizado a ellos, debían huir de inmediato. Recogieron casi todas sus pertenencias y cambiaron de casa y de trabajo.

Con esos cambios y en una casa diferente, Tamara se empezó a sentir más tranquila y poco después quedó nuevamente embarazada. Todo parecía ir bien, tan bien que ella llegó a pensar que tal vez habían actuado precipitadamente y que hasta había sido exagerado mudarse de casa; pero, finalmente no se arrepentía de su decisión. Era mucho mejor vivir segura que vivir con miedo. Casi sin sentir, pasaron los meses y una mañana, Tamara volvió a ver de nuevo al tipo. Estaba ahora cerca de su nueva casa, dentro del mismo auto sospechoso que había visto meses antes. El terror volvió a invadirla. La habían localizado. Ya no tenía ninguna duda de que la estaban persiguiendo.

Por la mañana, Luis había tenido que salir de la ciudad en un viaje de trabajo. Esa noche, Tamara estaba sola en casa con sus dos hijos. Con dificultad pudo dormirse, pero empezó a escuchar un ruido extraño. Se despertó por completo. Parecía que alguien estaba intentando abrir la puerta y luego, alguien empezó a golpear fuertemente la puerta intentando derribarla para entrar por la fuerza. Ante tal amenaza, Tamara no lo pensó dos veces, tomó a sus hijos y escapó, haciendo el menor ruido posible, por el patio trasero de uno de sus vecinos.

LA HUIDA EN MEDIO DE LA NOCHE

Sabía que, si se quedaban en su casa, ella y sus hijos terminarían muertos, así que decidió correr el riesgo. Debía lograr que el pequeño no llorara y que la mayor no gritara del susto; nunca supo cómo lo consiguió. Tuvo que usar su imaginación y valentía para trepar por un muro con protección de vidrios en lo alto, llevando a dos niños pequeños. Y no sólo eso, debía salir de su propiedad, soltarlos al vacío, saltar ella misma y llegar a la casa de su vecino para poder escapar de los asaltantes.

En la huida, la pequeña Helen se hirió una pierna con un clavo, cuando habían saltado el muro y había caído en un tablón con clavos que los vecinos habían dejado sobre el piso. Su pequeño Anthony sufrió una cortada en la cabeza con uno de los afilados vidrios que se alineaban sobre el muro entre las dos propiedades. Por si eso no fuera poco, Tamara, que ya tenía siete meses de embarazo, comenzó a sangrar.

Una vez a salvo en la casa de sus vecinos Tamara llamó a Luis para avisarle lo que había ocurrido. Con dos niños heridos y un probable aborto, Tamara recibió la peor de las noticias: "No volveré contigo", le dijo. La razón era muy sencilla, Luis había sido localizado y había sido amenazado por los mismos tipos que perseguían a Tamara en Honduras. Como lo habían amenazado, se acobardó y decidió huir.

Pasaron unos días y Tamara mejoró físicamente. El sangrado se había detenido, pero seguía teniendo continuas molestias. Como no podía ir a ningún médico y sabía que no podía salir de esa casa sin un plan de huida que no pudiera fallar, estaba cada vez más inquieta.

De una manera muy cruel, Tamara también descubrió que sus agresores ya sabían que se había escapado por el muro y que sus vecinos la habían ayudado. A los pocos días, el perro de la familia apareció muerto en una bolsa de plástico con una nota: "LO MISMO LES PASARÁ A USTEDES".

Con un embarazo muy delicado –pues no sabía si había perdido al bebé– y dos niños heridos; sin comida, casi sin dinero y con lo poco que pudo recuperar de la casa, una noche Tamara y sus hijos salieron de la casa de sus vecinos. Si sus perseguidores se daban cuenta, todos estaban perdidos. Con gran sigilo, se dirigieron a la central de autobuses para subirse a un autobús que los llevara hacia Tamaulipas, en la frontera de México, donde se encuentra uno de los puentes que cruzan el Río Bravo. Ahí, pasando al otro lado, estaban los Estados Unidos.

CRUZANDO LA FRONTERA SIN PAPELES

El vecino de Tamara, un señor mayor que tenía familia en Dallas, le dio un consejo:

–Si logras acercarte a un puesto de entrada a los Estados Unidos –le dijo–, puedes decir lo que les ha pasado. Yo creo que les concederán asilo.

–Pero, así…, ¿Sin papeles? No tengo nada.

–Diles que te están persiguiendo. Cuéntales todo. Te van a ver en estado y, además, llevas a los niños. Y ya verás, cuando estés allá, todo será diferente.

–Debes ser muy valiente, muchacha –le dijo al despedirse. También le aseguró que, si los necesitaban para el juicio, podría contar con sus testimonios.

Fue un viaje larguísimo, interminable, sintiéndose mal y teniendo que cuidar a dos niños pequeños y heridos. Pero Tamara lo logró: como pudo bajó del autobús y, llena de valor, cruzó la frontera con los dos niños en brazos. Le contó su historia al oficial del puesto de entrada y terminó su relato con una petición de asilo. La historia, los dos niños heridos y el avanzado embarazo, lo convencieron de inmediato. Le garantizó a Tamara la entrada al país para poder presentar su caso ante un juez. Por fin estaba a salvo.

Su mamá, quien vivía en Houston desde hacía varios años, fue notificada por las autoridades y rápidamente acudió por ellos, llevándolos al hospital para que los atendieran. Las heridas de los niños se habían infectado, pues habían sido mal curadas. La niña, incluso, presentaba fiebre por deshidratación y por la infección de la pierna. Y al otro pequeño le suturaron la herida de la cabeza, que no había cerrado bien y que todavía sangraba. Tamara llegó al hospital en muy mal estado; pero a pesar de sus temores –a esas alturas estaba segura que había perdido al bebé–, los médicos lograron controlar su embarazo y consiguieron estabilizarla. Dos meses después, llegó al mundo Escarlet, su nuevo retoño.

Los primeros empleos de Tamara en Norteamérica fueron limpiando casas y cuidando niños por horas. Después, pudo conseguir trabajo en un restaurante y en una compañía de construcción y remodelación de casas. Para ella, el trabajo fue una bendición, pues era lo que mantenía su mente ocupada para olvidarse de todo lo que había pasado, sobretodo, de la huida del padre de sus hijos. Sin embargo, poco a poco su situación y su estado de ánimo se fueron normalizando un tanto. Pero Tamara era consciente de que aún quedaba un muro que saltar: su situación migratoria. Su caso, para lograr el Asilo Político debía ser defendido por alguien que tuviera mucha experiencia en esos tipos de casos, pues de ello dependía la vida de sus hijos y la de ella misma.

Además, Tamara tenía otro miedo que no la dejaba en paz. Su madre, que era a quien verdaderamente querían liquidar por estar muy relacionada el movimiento de protesta en Honduras, se había vuelto un tanto descuidada. Quizá su mamá, con la seguridad que le daba estar en Estados Unidos, se había confiado en que lejos de Honduras, nada pasaría. Como Tamara no lo creía así y debía proteger a sus hijos, tomó la decisión de alejarse de su madre durante un tiempo. Seguía muy preocupada y nerviosa por lo sucedido en México, situación que su madre no había vivido, y temía por su seguridad y, sobre todo, por la de sus hijos.

Al darse cuenta de que no podía depender de su mamá, Tamara tomó la decisión de mudarse a Florida. Sólo así, lograría alejarse física y emocionalmente lo más posible de la frontera con México y los vínculos con su país. Durante los dos años que vivió ahí, su estado de ánimo se apaciguó y consiguió cierta tranquilidad.

UNA NUEVA FAMILIA

Pero, como se llegaba la fecha en que tendría que presentarse ante las autoridades para continuar con sus trámites migratorios, tuvo que regresar a Houston, donde retomó su trabajo de remodelación. También en esa ciudad texana, encontraría nuevamente el amor. Conoció a Jeffrey, un chico hondureño con una historia muy parecida a la suya, quien tenía una hija, Jaime, de 7 años. Los dos habían escapado de su país en circunstancias similares. Pero había algo más que había dificultado el viaje de Jeffrey: durante la huida, un autobús atropelló a su niña y perdió una pierna.

Desde un principio ambos se daban fuerzas uno al otro; se platicaban sus respectivas historias y se ayudaban en lo que podían; así, una bonita amistad se transformó en amor. Con Jeffrey, Tamara encontró un apoyo y un amor incondicional que no había obtenido hasta ese momento. De esa relación nacieron dos hijos. El primero de ellos, Jackson, presentó al nacer un grave problema respiratorio que requirió de cirugía; pero, por fortuna, el bebé salió adelante.

Además de embarazos, problemas de salud, el cuidado de

los hijos, las responsabilidades domésticas y las del trabajo, Tamara vivía con otra gran preocupación: era muy claro para ella que no estarían totalmente a salvo hasta que no se definiera su situación migratoria. Sin ningún familiar ni amistades en Honduras, y con el peligro de ser deportados, sus hijos y ella misma se enfrentarían a una muerte segura. Por eso, tenía que asegurarse de que su caso de asilo fuera defendido por un abogado con experiencia en ese tipo de casos. También era importante recopilar las pruebas, para armar una defensa muy bien fundamentada. Tenía las pruebas; pero le faltaba el dinero y le habían dicho que los abogados cobraban muchos dólares. Ella no los tenía y fueron tiempos muy amargos: Tamara no sabía qué hacer.

Un comercial: Despacho del Abogado Solís

A veces, ella encendía la radio mientras hacía las labores domésticas y un día, quiso la suerte que la estación transmitiera en esos momentos uno de nuestros comerciales. Y, efectivamente, fue una gran suerte, pues estaba cerca de sentirse derrotada al pensar que nunca reuniría el dinero suficiente para pagar a un buen abogado. Pero, al escuchar el anuncio, pensó que, aunque tendría que hacer un esfuerzo, valía la pena intentarlo. Además, si acudía a nuestro despacho se eliminaba otra dificultad: después de haber solicitado representaciones en varias oficinas de Houston y Dallas, había descubierto que no todos los despachos aceptan casos de asilo, por ser complicados y muy tardados. Al escuchar nuestro anuncio, nos llamó por teléfono para hacer una cita y cuando llegó al despacho, lo primero que preguntó fue:

–¿Es éste el despacho del abogado que sabe cómo ganar? Sorprendida por la pregunta, la recepcionista en seguida respondió: –Sí, aquí es.

Tamara suspiró de alivio. Había llegado ahí casi sin esperanza... Le dijo a la recepcionista:

–Necesito que salven mi vida y la de mis hijos. Quiero que lleven mi caso; es de asilo.

–Siéntese, señora. En un momento viene un asistente para atenderla.

Así fue. Se abrió un expediente con su caso y ella relató toda su historia. El abogado que había anotado todos los datos pudo ver cómo se iluminó la cara de Tamara cuando le comunicó que nuestro despacho sí llevaría su caso y que la acompañaríamos a su juicio con todos los elementos necesarios; nos presentaríamos bien preparados, para luchar por su familia. Además, le ofrecimos un plan de pagos que ella podría cumplir con comodidad.

Uno de nuestros abogados tomó el caso y reunió una buena colección de documentos para probar todo lo que Tamara nos había contado. Desde aquel momento, ella se sintió protegida y empezó a creer que, finalmente, todo saldría bien. Como no podía ser de otra manera, una vez que se celebró el juicio, el juez le concedió a Tamara y su familia la residencia permanente por el asilo que tanto anhelaba y necesitaba.

Hoy, Tamara vive feliz con su gran familia: con el amor de su vida, Jeffrey, y con sus adorables hijos. Tienen juntos un negocio de remodelaciones en el que ella a veces ayuda, aunque se ocupa principalmente de sus hijos.

RITA

L a historia de Rita empezó ya hace mucho tiempo...,
cuando nació en Ciudad Guzmán, Jalisco, un estado de la
República Mexicana, el 24 de julio de 1982.

Héctor y Consuelo, los padres de Rita, eran muy trabajadores
y deseaban mejorar su situación, que siempre había sido tan
precaria como la de la mayoría de sus vecinos. La familia estaba
compuesta por los padres, cuatro hijos y un medio hermano,
de quien Rita siempre decía que, aunque era sólo hijo de su
papá, lo quería como si fuera un hermano "entero".

Cuando Rita apenas tenía 6 meses de edad sus padres
se fueron a vivir a Los Ángeles, California, gracias a unos
permisos que en esa época otorgaba el gobierno americano
a determinadas personas. Obviamente, eran otros tiempos,
cuando la migración a los Estados Unidos era mucho más fácil.

El permiso requería que la persona se mantuviera dentro
del territorio estadounidense al menos durante siete meses
seguidos, para renovarse el siguiente año. Los padres de Rita
trabajaron durante muchos años manteniendo siempre sus
permisos vigentes y en orden.

Durante esos años en los Estados Unidos, Consuelo quedó embarazada tres veces, y su esposo la mandaba a Jalisco cada vez que se acercaba la fecha del parto. Como hombre hecho a la antigua, el padre de Rita prefería que sus hijos nacieran en su pueblo y que una partera se hiciera cargo de recibir al bebé. También pensaba que era mejor que sus hijos no nacieran en los Estados Unidos; pues tenía la idea de que, al haber nacido allá, en cualquier momento el gobierno americano podría mandar a sus hijos a la guerra. Pensaba que, al ser mexicanos, nunca podrían obligarlos a ir a las guerras en las que los Estados Unidos participara.

Aproximadamente en 1990, cuando aún vivían en Los Ángeles, Rita, entonces de ocho años, tuvo su primera experiencia con la disciplina de su padre. Una vez, a la niña se le ocurrió montarse en su bicicleta y salir a la calle sin permiso. Su padre, presa del miedo que le tenía a las calles de Los Ángeles, no dudó en usar su cinto para disciplinar a la pequeña. Él sólo pretendía asustar a Rita lo suficiente como para que no se le volviera a ocurrir salir sin permiso. Nunca pensaron en lo que esta simple trifulca doméstica les iba a ocasionar. Los gritos y los regaños del padre, junto con el llanto de la niña, que por primera vez había visto a su padre tan enojado, hicieron que la escena se viera de manera diferente desde la ventana de unos vecinos.

ADVERTENCIA DE LA POLICÍA

Desafortunadamente, Héctor no se había limitado a reprender a su hija, sino que le había pegado con un cinto y los vecinos, sin entender del todo la situación, vieron eso y de inmediato llamaron al 911. Al llegar la policía a investigar los hechos, le advirtieron al padre que no volviera a disciplinar físicamente a su hija si no quería meterse en problemas; le dijeron que, si se repetía esa conducta, posiblemente perdería la custodia de su hija, quien pasaría al cuidado de los Servicios Sociales.

Héctor temía dos cosas: una era que le quitaran a su hija, como le habían advertido. Y la otra, que Rita tuviera un accidente si volvía a salir sola y, como no conocía otra forma de educar, debía hacer lo mismo que sus padres; así lo habían educado a él, a golpes. Era el único camino que tenía para protegerla: corrigiéndola a tiempo, aunque tuviera que echar mano de un cinturón.

Por otra parte, él no estaba dispuesto a dejar que los norteamericanos le dijeran cómo educar a sus hijos, así que decidió regresar a Jalisco con toda su familia, donde pensaba que ahí le sería fácil seguir imponiendo su manera de hacer las cosas, sin que nadie le prohibiera castigar a sus hijos.

Sin embargo, Héctor no había tenido en cuenta que Rita ya estaba acostumbrada a la vida de Los Ángeles y que iba a ser muy difícil para ella regresar a México. La niña había vivido en la Unión Americana desde que tenía uso de razón; todas sus amigas, su escuela, su entorno, en fin, toda su vida estaba ahí.

El padre de Rita quedó tan resentido con su experiencia en Estados Unidos que prohibió que en su casa se hablara inglés. Obviamente también lo hizo para que los niños se acostumbraran cuanto antes al español y a la vida en México.

Pero, debido a que no era nada fácil encontrar trabajo en su país de origen, Héctor no tuvo más remedio que seguir trabajando en Los Ángeles, durante el tiempo mínimo que necesitaba para renovar el permiso. Iba y venía; tan sólo estaba siete meses en Los Ángeles. Los otros cinco meses del año los pasaba en casa de la abuela de Rita, en Tamazula, ese pueblecito jaliciense, en el occidente de México, donde vivía con lo que había ganado en los Estados Unidos y donde, mientras tanto, Rita, sus hermanos y su madre se habían establecido permanentemente.

Pasaron los años y, al cumplir los 13, Rita ya estaba en la secundaria. En Tamazula, como en tantos otros pueblos mexicanos, a esa edad, una niña ya es toda una mujer y no era extraño ver embarazadas a jovencitas de tan sólo 14 o 15 años. Así las cosas, Rita conoció a su primer novio y se comportó como cualquier chica de su edad en condiciones similares. Un año más tarde, también quedó embarazada.

UN NUEVO EMBARAZO DE RITA

Héctor estaba a disgusto con la situación de su hija, sobretodo porque no había habido matrimonio de por medio. El ambiente familiar se hizo difícil y empeoró aún más cuando el novio de Rita, padre de la criatura, y los padres de él, rechazaron toda responsabilidad. Ellos no querían tener nada que ver, ni con Rita ni con el bebé que estaba en camino. A verse abandonada, Rita quedó desolada; pero Héctor se hizo cargo de la situación y protegió a su hija embarazada y a su futuro nieto. El recién nacido se llamaría como su abuelo.

Rita siguió viviendo tranquilamente en Tamazula con sus papás, donde por fin habían logrado tener una casa propia, que quedaba cerca de la casa de la abuela, quien ya mayor, necesitaba de cuidados especiales. Pasaron tres años y Rita, que para entonces tenía 18 años, volvió a enamorarse.

El nuevo amor de Rita fue muy parecido al anterior. Aunque más madura que cuando se embarazó a los 14 años, la historia se repitió con la nueva relación. Al tiempo poco de estar juntos, Rita volvió a quedar embarazada. En esa ocasión fue una niña: Sandra. Sin embargo, igual que había sucedido con su primer novio, este nuevo amor la abandonó al poco tiempo de nacer la bebé. Ahora tenía dos hijos de diferentes padres y, lo peor, ninguno de esos padres estaba presente.

Como todo lo que la rodeaba le recordaba la experiencia vivida anteriormente, Rita tomó la decisión de rehacer su vida. "Ya es hora de que yo haga algo –se dijo–. Tengo que ser fuerte y decidirme a regresar a Estados Unidos. No quiero que mi padre me diga cómo debo manejar mi vida." Así había sido desde los ocho años, cuando la había condenado a quedarse en México. Ella, como en esa época era una niña, no había tenido más remedio que obedecer, lo que la sumió en una gran depresión durante un tiempo largo. Pero entonces era demasiado joven para decidir por su cuenta. Esta vez, no le sucedería lo mismo

Corría el año de 2001 cuando Rita decidió hacer ese drástico cambio en su vida. Como sabía que los Estados

Unidos eran la mejor opción para ella y para sus hijos, decidió emprender el viaje.

Empacó una bolsa pequeña y junto con sus dos hijos, Héctor y Sandra, se fue rumbo al norte. Viajó primero por avión, de Jalisco a Mexicali, y de ahí se fue acercando a la frontera buscando a alguien que la cruzara al otro lado. Se había informado bien y sabía que tenía que encontrar un medio más o menos seguro para pasar, ya que, como llevaba a sus dos hijos, el riesgo era muy grande. No tardó mucho tiempo en encontrar a un grupo de coyotes. Estaba decidida a que, costara lo que costara, les iba a pagar.

HACIA LA FRONTERA, CON DOS NIÑOS

Pero, como los coyotes sabían los peligros que tenían que enfrentar en un viaje de esa naturaleza llevando niños, le explicaron a Rita que no se podía arriesgar a una bebita de un año a los elementos del desierto. Rita había pensado que irían en un carro hasta algún sitio en donde tuvieran que dejarlos; de ahí, estaba segura de que encontraría camino hacia un lugar donde pudieran estar a salvo. Pero su idea del "viaje" era bastante alejada de la realidad: un cruce ilegal por la frontera nunca podría ser tan simple.

–Pero, no te preocupes, muchacha, para todo hay una solución. Ya lo verás–, le dijeron los coyotes, que obviamente conocían perfectamente el sistema

–Pero, ¿cómo le voy a hacer si es muy peligroso?

–Tienes que dejar a la bebé con unas señoras que se

encargarán de ella. La cruzarán en coche y van a fingir que es hija de una de ellas.

Al ver que Rita dudaba, trataron de convencerla:

–No tengas miedo. No va a haber problemas. Lograrán entrar por la aduana sin problemas. Una vez dentro, se encontrarán contigo del otro lado de la frontera. Todo fácil ¿ves? Te prometo que todo saldrá bien.

Rita no sabía qué hacer. Era un conflicto terrible tener que decidir entre entregar a su pequeña hija a un extraño que le "prometía" pasarla por la frontera y esperarla en el otro lado con esas mujeres desconocidas o arriesgarse a llevarla con ella misma, afrontando la sed, el calor y todos los peligros que ya para entonces le habían explicado. Lógicamente, estaba muy poco convencida; pero sabía que no podía hacer otra cosa. Era la mejor opción.

Rita decidió quedarse con Héctor, a quien sabía que, aunque ya era mayorcito, habría que llevarlo en brazos durante bastantes trechos. Tuvo que entregar a Sandra a las dos señoras, encomendándosela a la Virgen y rezando todo lo que no había rezado en su vida para que Dios la protegiera. Rita estaba muy nerviosa y muy insegura. No sabía si realmente podía confiar en esas mujeres; pero no tenía opción. Ella, sus hijos y su suerte ya estaban en manos de los coyotes.

Se dirigieron hacia una zona muy montañosa y desértica. Rita y su hijo caminaron durante unas diez horas, aguantando el cansancio y el calor; pero lograron cruzar de México a los Estados Unidos a pesar de la sed, el hambre, el agotamiento y, sobre todo, la angustia y el constante temor de que a su hija le pasara algo. Durante las diez horas de camino, Rita no dejó de pensar que cuando se despidió de la bebé podía haber sido la última vez que hubiera visto a su hija. No podía evitar llorar casi todo el tiempo. La preocupación y la culpa le arrancaban unas lágrimas que ya no siquiera trataba de limpiar.

Inmediatamente, después de cruzar la frontera, los coyotes la estaban esperando en el punto del "Levantón", como le decían a ese lugar. Fue casi un milagro que hubiera llegado hasta allí con el niño en brazos. Casi sin fuerzas, se subieron a un camión que los encaminaría a Los Ángeles. Rita no dejaba de pensar en su hija y estaba desesperada por llegar a donde habían quedado de entregársela. Ella preguntaba continuamente por la bebé y los coyotes sólo le decían que estaba "bien"; pero no le decían nada más.

RECUPERANDO A SU HIJA

Después de tres días de un polvoriento camino que a Rita se le figuraba interminable, por fin los llevaron a una casa cerca de la frontera americana, donde le dijeron que ya habían cruzado su hija y las señoras. Y así fue. Rita tuvo la fortuna de reunirse con su hija Sandra. Fue el alivio más grande que jamás había sentido. Estaba tan agradecida con Dios y con las señoras por haber cuidado de su hijita, que no alcanzaba a expresarse. Las palabras no eran suficientes para demostrar su gratitud a Dios y a la Virgen, por haber protegido tanto a la bebé como a su hijo y a ella misma en ese interminable camino.

Ya estando en los Estados Unidos y teniendo que decidir qué hacer con su vida, Rita no sabía por dónde empezar, a dónde dirigirse, con quién hablar. Tenía sólo a una persona conocida que se interesó por ayudarla. Se trataba del chófer del camión que los trasladó a Los Ángeles. Le propuso trasladarse con él a San Fernando, California, donde pensaba que estarían mejor. Como si hubiera sido alguien caído del cielo, Rodrigo la cuidó y le ofreció sustento y comida para que pudiera asentarse a su lado. No tardó mucho tiempo en declararle su amor y, como no podía ser de otra manera, Rita se decidió a rehacer su vida. Así, comenzaron a vivir en San Fernando una relación romántica que terminó en dos embarazos; primero nació Jesús y después una niña: Teresita.

Pero la tranquilidad de Rita no duraría mucho. Estaba muy equivocada si pensaba que su vida ya estaba resuelta. Desgraciadamente, tras el nacimiento de Teresita, Rodrigo se volvió agresivo y era cada vez más y más agresivo. Parecía quererse desquitar con Rita de toda la frustración y el enojo que le ocasionaban sus problemas con las autoridades. Su vida cada día se parecía más a un infierno.

Rodrigo golpeaba y maltrataba continuamente a Rita. La encerraba en casa y la humillaba delante de la gente. Pagaba con ella todos los problemas que tenía con la justicia debido a que llevaba una vida al margen de la ley. Aunque Rita quería dejarlo, no tenía donde ir. Jugó incluso con la idea de volver a México; pero supo que su padre no estaría dispuesto a aceptar que ella, nuevamente, se separara del padre de sus hijos más pequeños. Ya serían tres hombres que la dejaban embarazada.

Día a día, la situación se volvió más insoportable porque Rodrigo golpeaba a Rita cada vez con mayor frecuencia y hasta que un día alcanzó a lastimar a la bebé Teresita. En ese momento los vecinos, testigos de la violencia que se estaba desarrollando en la casa, llamaron a la policía. Cuando llegaron los oficiales de servicio, Rodrigo no quiso cooperar y tuvieron que tirar la puerta. Al verse acorralado, el hombre agarró a la bebé y amenazó con lastimarla si no le dejaban escapar. Afortunadamente, la policía logró reducir al hombre y salvar a la niña.

RODRIGO, A LA CÁRCEL

A Rodrigo, como es lógico, le esperaban unos cuantos años de cárcel y eso tranquilizó un poco a Rita. Sus papás, Héctor y Consuelo, tuvieron que aceptar que la separación de la pareja era inevitable y urgente, ya que su hija y sus nietos estaban en peligro. Se sintieron incluso culpables por haber obligado a su hija a soportar tanto maltrato y le dijeron que se fuera de inmediato de esa casa.

Esa misma noche, Rita metió en su carro todo lo que le pudo caber; se subió, arrancó violentamente y empezó a manejar con velocidad, dispuesta a huir de San Fernando. Al salir de ahí, aminoró la marcha y tomó rumbo a Houston, llevando a su hija Sandra de 5 años, su hijo Jesús de 2 y su hija Teresita de apenas un año y, además, un embarazo de siete meses. Su hijo Héctor, el mayor, se había ido a vivir con sus abuelos. Por aquel entonces, los papás de Rita estaban afincados por temporadas en la ciudad de Dallas, Texas.

Pero la vida le tenía preparado a Rita otro revés. De camino a Houston fue detenida por los oficiales de inmigración. No podía creerlo. Sola, muy asustada, sin llevar casi nada encima, con un avanzado embarazo y teniendo que proteger a sus tres niños, se enfrentó a una situación que la hacía sentir totalmente desamparada.

Los oficiales los trasladaron a un lugar donde había muchas personas detenidas. Todas estaban en proceso de deportación. La pasaron a ella y a sus hijos a un cuarto donde estaban detenidas las señoras que llevaban niños.

–Pero, oficial, por favor… No pueden detenerme. Mis dos hijos pequeños son ciudadanos americanos. Tienen derecho a quedarse aquí.

–Cierto. Ellos sí pueden permanecer en los Estados Unidos; pero usted no, ni la niña más grande. Las dos tienen que salir del país.

UNA "SALIDA VOLUNTARIA"

No tardaron mucho en llevar a cabo la deportación. Naturalmente, Rita no iba a dejar a Jesús y a Teresita. Antes del amanecer los expulsaron por Nogales por la llamada "salida voluntaria". Así, Rita se vio sola, embarazada, con tres niños y en la semioscuridad de una ciudad que no conocía.

Pero no se dio por vencida. "Nunca me daré por vencida", se dijo. Estuvo dos semanas en Nogales, esperando la oportunidad para poder cruzar de nuevo. Sin embargo, Rita sabía que iba ser muy difícil cruzar con la responsabilidad de los niños, aunque los dos más pequeños eran americanos. Sabía que lo más probable era que tuviera que confiar de nuevo en alguien para que se los cruzara por la frontera.

Mientras tanto, los padres de Rita habían solicitado la Residencia Permanente en los Estados Unidos y tenían posibilidades de lograrla, gracias al tiempo que llevaban en el país con los permisos especiales. Desgraciadamente para Rita, cuando sus papás decidieron presentar la solicitud, escribieron en los formatos que no tenían hijos, porque les habían recomendado que de esa manera el proceso sería más sencillo y barato. De no haber sido así, para Rita eso hubiera sido una salida perfecta y segura, pero ya no se podía hacer nada.

Consuelo, la mamá de Rita no podía soportar la idea de que a sus nietos los tuviera que cruzar un desconocido, así que se armó de valor y en contra de la voluntad de Héctor, su marido, viajó en camión hasta Nuevo Laredo, México, donde se encontraría con su hija y sus nietos. Ella se encargaría de cruzar a los dos pequeños de manera segura por la frontera y, de esa manera, Sandra y su madre podrían cruzar con menos problemas.

Así las cosas, la mamá de Rita cruzó sin problemas a los más pequeños –ciudadanos americanos–, mientras Rita trataba de conseguir un coyote para que las cruzaran a ella y su hija mayor Sandra. Pero Rita, en esta ocasión, tenía ya ocho meses de embarazo y el camino, sabía por experiencia, era muy difícil para lograrlo con una niña en brazos y un embarazo tan avanzado.

CRUZANDO EL RÍO SIN SABER NADAR

En esa ocasión, los coyotes le dijeron a Rita que era más conveniente cruzar por el Río Bravo. Cuando llegaron a la orilla, vieron que el agua les llegaba al cuello y Sandra no sabía nadar. Nuevamente Rita fue bendecida con la ayuda de una persona que se ofreció mantener a flote a la niña. De no haber sido así, las dos se hubieran ahogado. Aquella noche, verdaderamente Rita le vio los ojos a la muerte.

Al terminar de cruzar el río, los coyotes las dejaron ahí mismo; las abandonaron a su suerte sin haberles dado indicaciones ni ningún tipo de dirección. Eso sorprendió mucho a Rita. Nunca se esperó eso. Se sintió defraudada –ése no había sido el trato; ella había pagado para que la llevaran a algún sitio seguro después de cruzar el río– y luego se sintió asustada, muy asustada. Desde luego, nada fue como la primera vez que cruzó. Rita ya sabía a lo que se exponía entonces y se dio cuenta de que estaba ante un peligro más grande que nunca.

AL PASAR LA CASETA...

Sin embargo, acompañada de algunas personas que habían cruzado con ella, con su ayuda y sus consejos, madre e hija lograron llegar a la ciudad de Laredo y encontraron un hotel donde quedarse. Era un hotel muy barato y muy inseguro, pero Rita no tenía para más.

Una vez instalada, Rita le habló a su papá para que fuera a recogerla. Al llegar, Héctor, consciente de la situación de su hija y su nieta, le dio dinero, las cambió a un hotel más seguro y se despidió de ellas. En realidad, lo que Héctor quería era no poner en peligro su propia situación migratoria, por lo que se negó a llevarlas con él hasta Houston. Rita ahora necesitaba encontrar a alguien que la ayudara a pasar por la garita del punto de revisión, en la carretera a la salida de Laredo.

Después de varios días de estar intentando llegar a Houston, encontró a un señor que le dijo que él mismo las pasaría en su carro por la caseta de revisión. Obviamente, el señor les cobró por el trayecto, lo que dejó de nuevo a Rita sin dinero. Tal y como se había acordado, las subió a su carro, compró unas hamburguesas y empezó a manejar:

–Fíjate bien, muchacha. Cuando pasemos por la caseta de revisión, dale una mordida muy grande a tu hamburguesa – le dijo a Rita–, para que cuando el oficial te pregunte si eres americana, como tienes la boca llena, él no va a entenderte bien y no se te notará el acento.

Al momento de acercarse a la revisión se desencadenó una tormenta muy fuerte, que tal vez los ayudó. Justo al llegar, Rita le dio la mordida más grande que pudo a la hamburguesa. Como de costumbre, el oficial le preguntó primero al señor que iba manejando si era americano y le contestó que sí. Al preguntar a Rita que si era americana, con la boca llena de hamburguesa, ella alcanzó a pronunciar un débil "yes". El oficial respetó que estaba comiendo y no le hizo más preguntas. Sandra de cinco años iba en el asiento de atrás haciéndose "la dormidita", como le había dicho su mamá. Así fue como Rita y su niña pasaron el control de inmigración y, por fin, lograron llegar a Houston.

Transcurrieron varios meses; los papás de Rita decidieron mudarse de Dallas a Houston, para estar cerca de su hija, que seguía sola. Como necesitaba ganar dinero con urgencia y quería rehacer su vida, Rita empezó a trabajar para poder darle, además, algo de estabilidad a sus hijos, después de tantos problemas que habían vivido.

Para entonces, Rodrigo había logrado salir de prisión en Los Ángeles. Había pasado algún tiempo, pero Rodrigo no había olvidado que su pareja, la madre de sus hijos, era quien lo había enviado a la cárcel y buscaba venganza. Pronto se informó que Rita y los niños estaban viviendo en Houston.

Necesitaba información para poder tramar su venganza y decidió comunicarse con el papá de Rita pues sabía que, como hombre hecho a la antigua, accedería a darle una oportunidad para volver con ella. Después de todo, Rodrigo era el padre de dos de sus criaturas y del bebé al que no conocía. Héctor, totalmente ajeno a las verdaderas intenciones del hombre, convenció a Rita de que le diera otra oportunidad porque, a fin de cuentas, tenía derechos, ya que era el padre de los más pequeños.

Una vez que logró entrar en la casa de Rita, comenzó su venganza. Tan solo unos meses después de vivir juntos, volvió a los mismos golpes e insultos. No sólo eran palizas, sino que la encerraba en casa y amenazaba a los niños. La agresividad era tal que, de nuevo, la policía de Houston lo arrestó.

Rita pensaba que, esa ocasión, sería la última vez que vería a Rodrigo. Estaba equivocada. Pero, por fin, Héctor se había dado cuenta de las verdaderas intenciones de ese hombre que ya estaba otra vez en manos de la policía. Por su parte, a Rita nadie la convencería de nuevo de volver a vivir con él. Sin embargo, la policía dejó en libertad a Rodrigo tan sólo tres días después, a la espera de su juicio y, lleno de furia, fue directamente al departamento donde vivían para cobrarse a golpes el arresto.

Primero, intentó meterse por la fuerza al departamento. Rita, que trató de impedir que entrara y, temblando de miedo, empujaba la puerta e intentaba con desesperación llamar a la policía. Sin embargo, antes de que pudieran llegar, Rodrigo decidió saltarse por una ventana. Rita salió corriendo por la puerta del frente mientras él se metía por la ventana de atrás.

Como la policía se tardó varias horas en llegar, Rodrigo aprovechó para robar todo el dinero que Rita había podido ahorrar con su trabajo. Debido a que Rita no tenía papeles, todo el dinero que ganaba lo tenía en efectivo, guardado en casa, pues no podía abrir una cuenta en el banco.

Sola de nuevo, sin dinero y con niños a los que proteger, una vez más, Rita se enfrentaba de nuevo a un reto, totalmente injusto e inhumano. Sin embargo, por sus hijos, encontró la fuerza necesaria para seguir adelante. Rodrigo no volvió jamás.

REGULARIZANDO SU SITUACIÓN

Rita sabía que, continuamente, su situación migratoria los ponía en peligro a ella y a sus hijos. Por eso debía encontrar la única solución posible: intentar regularizar cuanto antes su situación. Un buen día, viendo la televisión local de Houston, Rita se encontró con uno de nuestros comerciales. La verdad es que ella no sabía a ciencia cierta si podía arreglar su situación; pero con dos papás que tenían residencia permanente y sus dos hijos americanos pensaba que tenía alguna oportunidad. Debía investigar la forma de poder obtener una Residencia Permanente.

Cuando Rita llegó a nuestras oficinas y nos contó su historia, le tuvimos que dar una noticia bastante mala. Sus padres, como residentes, podían haber solicitado una Residencia Permanente para ella cuando solicitaron la suya; pero, como en esos momentos ya tenía más de 21 años, Rita quedaba fuera de las posibilidades de obtenerla. Los niños de Rita que eran americanos, al ser muy pequeños y como no habían alcanzado, ni remotamente, la edad de 21 años, no podían solicitar una Residencia Permanente para su madre. Sin embargo, en la entrevista le dijimos que había una manera de lograrla. Lo que más nos había interesado de su historia no eran los familiares que podían pedir una Residencia Permanente para ella, sino los episodios de violencia que había sufrido. Y ésos iban a ser el argumento más sólido del caso.

Le advertimos a Rita que su trámite sería bastante difícil, que posiblemente duraría años; pero que haríamos lo posible por conseguirle un estatus migratorio que la estabilizara en los Estados Unidos. Nuestro plan era solicitar una Visa U, reservada para aquellas personas víctimas de algún crimen, y que a su vez hubieran colaborado con la justicia para perseguirlo.

Sabíamos que sería mucho trabajo y tendríamos que poner en orden gran cantidad de documentos que servirían como evidencia en el caso. Los más importantes eran los reportes de policía, pues con eso se comprobaría la violencia doméstica de la que había sido víctima la familia entera.

Rita fue atendida por un detective que se tomó de manera personal su caso, lo cual fue una bendición para ella. Tal parece que el detective se emocionó al conocer la historia de esa joven, la "madre coraje", que había luchado con tanto valor para sacar adelante a sus pequeños hijos y que, cada mañana, se presentaba en el Departamento de Policía de Houston para poder recopilar toda la documentación que se necesitaba. Tenía que demostrar con papeles el abuso del que había sido víctima y demostrar también que había colaborado con la policía para perseguir a Rodrigo.

SEMANAS DE INVESTIGACIÓN

Lo más complicado de este caso, fue conseguir con la policía de California los reportes de los primeros abusos. Como había pasado mucho tiempo, era probable que ya no existieran. Nuestro despacho tiene una oficina en California y le pedimos a uno de nuestros abogados que localizara los documentos, mientras Rita se dedicaba a buscar los más recientes en Houston. A ella no le costó mucho tiempo recopilar los documentos recientes; pero a nuestros abogados les tomó varias semanas seguir la pista de los más antiguos en Los Ángeles. Finalmente se logró recopilar todo lo que necesitábamos.

Aunque a lo largo de todo el proceso nos topamos con muchas puertas cerradas, sabíamos que las posibilidades de ganar la Visa U para Rita dependían de que fuéramos capaces de encontrar esos reportes de la policía; por lo que seguimos trabajando intensamente hasta dar con ellos.

Al fin, una mañana, recibimos toda la documentación, que tanto habíamos esperado, de parte de nuestro despacho en California. Nuestros abogados regresaron a Houston con toda la documentación que necesitábamos para preparar el caso de Rita y, de esa forma, pudimos planear la defensa legal que convencería al juez de que Rita era merecedora de la Visa U. El proceso todavía iba a ser muy largo y complicado. Teníamos que trabajar preparándonos muy bien, con todos los recursos que pudiéramos tener a nuestro alcance, para que no hubiera ningún aspecto del caso que la oficina de inmigración nos pudiera rebatir.

Cuando llegó el momento de presentar la documentación completa, teníamos un caso muy sólido. Y, efectivamente, inmigración tardó varios años en resolver; pero, por fin, un buen día, Rita y su hija Sandra recibieron la Visa U que tanto ansiaban, y con ello la posibilidad de recibir una Residencia Permanente.

A partir de ese momento, Rita sintió que le había cambiado la vida por completo. Esa "madre coraje" ya no tendría que esconderse ni vivir con una zozobra continua. Por fin, había encontrado la seguridad suficiente para empezar una nueva vida en el país que siempre había anhelado llamar su hogar. Hoy, Rita vive feliz con sus hijos y con su actual pareja; trabaja en una conocida cadena de artículos para el hogar y puede disfrutar viendo crecer a sus hijos crecen sanos y felices.

ZUMARA

En este caso se unen varias circunstancias tristes y difíciles, como la mayoría de los que llegan a nuestras oficinas, pero finalmente conseguimos que nuestra clienta obtuviera los papeles para vivir legalmente en Estados Unidos y poder unir a su familia después de más de una década haber estado separada.

Zumara era la hija pequeña, la única entre cuatro hermanos de un matrimonio que vivía en uno de los barrios más pobres de Tegucigalpa, la capital de Honduras. Su infancia fue muy dura, pues tuvo que estudiar y trabajar a la vez, pero estaba protegida por su familia y para ella era lo más importante. Siguiendo la costumbre del lugar, siendo aún muy joven, sus padres arreglaron su matrimonio con el hijo mayor de unos vecinos, que tenían una situación económica bastante mejor que la de la familia de Zumara. Ella no le quería; pero se vio obligada a aceptar porque sabía que debía ayudar a sus padres como pudiera. En seguida quedó embarazada, de un niño, pero al poco tiempo, su marido perdió todo interés por ella y por su futuro hijo. Y se dio lo que es común en muchos casos en una región con tantas carencias: llegaba tarde a casa, con aliento alcohólico, andaba con mujeres, no aportaba dinero. En fin, se dieron pleitos y en alguna ocasión llegó a golpear a Zumara estando embarazada. Ella sabía que no podía continuar así, por lo que una mañana en la que su marido se había marchado a trabajar, recogió sus cosas y se fue a casa de sus padres. En el fondo ella estaba segura de lo que iba a pasar; su corazón le decía que su familia, sus padres, no la dejarían desamparada.

De inmediato, los padres entendieron la situación y la acogieron; hablaron con sus suegros y exigieron el divorcio. Esta forma de proceder no era lo normal en un país tan conservador como Honduras, sobre todo en aquella época; pero el escándalo con el que amenazaron los padres de Zumara acabó por convencer a la familia del marido. Finalmente se divorciaron; pero la historia no acabó ahí para la muchacha, porque su exmarido empezó a acosarla, primero verbalmente, cuando la veía. Después la empezó a seguir al trabajo. Tuvo que dejarlo tras las quejas de su jefe, que no quería escándalos ni problemas. Se buscó otro empleo y otra vez él la empezó a seguir y, nuevamente, volvió a molestarla.

CUIDANDO A LOS ABUELOS

Al final, Zumara también tuvo que dejar de trabajar en ese empleo. La familia decidió que era preferible que se dedicara a cuidar de sus abuelos, ya muy mayores y que estaban prácticamente incapacitados. Su madre era quien se había encargado de ellos hasta entonces, pero pensaron que era mejor que Zumara los cuidaría y que la madre buscara otro empleo.

Ella sabía que esa situación era temporal, porque quería buscar algo, lo que fuera, para alimentar a su hijo. Nunca iba a lograrlo teniendo cerca a su exmarido.

Finalmente, Zumara tomó una decisión drástica. Salió del país, dejando atrás a su hijo pequeño de seis años. Con todo el dolor que esto le ocasionaba, lo tuvo que dejar con sus padres, porque iba a entrar ilegalmente a los Estados Unidos. No tenía otra opción, en Honduras –como muchas otras personas– vivía en la pobreza y no había esperanza de un futuro mejor. Si quería salir adelante tenía que ser en otro lugar.

Aunque no conocía personalmente a nadie que viviera allá, mucha gente le había hablado de lo bien que se vivía en los Estados Unidos. Había oído decir que se podía ganar mucho dinero, o por lo menos bastante más, de lo que lograría en Honduras. Ella podía trabajar en varias cosas, pues sabía algo de peluquería y de manicura, incluso tenía la experiencia de cuidar ancianos. En fin, tenía varios recursos y pensaba que conseguir algún trabajo de ese tipo no sería difícil. Después de todo, ¿no decían que era la tierra de las oportunidades?

Recordó que, al despedirse, le dijo a su hijo que lo quería mucho y, prometiéndole que lo vería muy pronto, le dijo adiós. Se fue y ninguno sabía que pasarían trece años hasta que se pudiera cumplir esa promesa. Lloró muchísimo y se prometió a sí misma llamar todos los días a su familia. Sus padres y sus hermanos habían reunido un poco de dinero, incluso habían pedido algo prestado, para que pudiera hacer el viaje desde Honduras hasta México. Tenía miedo, pues en todo el trayecto, tendría que arreglársela sola. Pero se consolaba pensando que en Tijuana tenía un contacto. Se trataba de un hombre que ya había llevado a varias personas de Tegucigalpa a través de la frontera y que le habían dicho era de fiar. Ella no estaba muy segura; pero no le quedaba otra opción: era demasiado tarde para echarse atrás. Se subió a un autobús junto con muchas personas que tenían la misma apariencia que ella: algo asustados, pero esperanzados, apretando sus pocas pertenencias entre las manos. Cuando llegó la noche, el autobús salió de Tijuana y, tras una hora de camino, se paró en medio de la nada. El conductor les explicó:

–Aquí ya siguen ustedes solos. Tienen que cruzar el río. Fíjense bien: vayan con mucho cuidado, porque es peligroso.

En ese momento Zumara se dio cuenta de que había hecho lo correcto al no haber llevado a su hijo pequeño. Si ya el viaje era muy arriesgado para un adulto, no quería ni imaginarse lo que hubiera sido con un niño.

OBLIGADA A PAGAR DE NUEVO

Tras cruzar el río, unos hombres les esperaban. Zumara, igual que las demás personas que viajaban con ella, tenía que pagarles.

–Pero.., no entiendo. ¿Cómo que tenemos que pagarles? Si ya les pagamos allá, en Tijuana. No podemos pagar otra vez.

–Nosotros no sabemos nada de eso. Aquí es otra cosa y nos tienen que pagar o aquí se quedan.

Zumara no entendía, si ella ya había pagado… Los hombres insistieron, a pesar de los reclamos o los ruegos. Al final, todos se dieron cuenta de que no tenían elección y volvieron a pagar. Por suerte, Zumara llevaba dinero escondido en los calcetines. Los coyotes sonrieron, aprobando la inteligencia de Zumara, cuando vieron que se quitaba un zapato para sacar los billetes. Otros no tenían ni un centavo y los hombres, que no los iban a pasar gratis, los dejaron a su suerte. Los que sí habían pagado continuarían con ellos otro trecho, y empezaron a caminar sin ninguna luz por si aparecía la patrulla fronteriza. Un hombre ya mayor se fue quedando atrás y, aunque Zumara le ofreció su brazo para que se apoyara, se dio cuenta de que también la abandonarían a ella si se retrasaba por ayudar a ese hombre. Tuvo que dejarlo con mucho pesar y acelerar el paso para alcanzar al grupo. Al hombre no volvió a verlo. Cuando ya aparecían las primeras luces del amanecer, llegaron a los alrededores de un pueblo. Zumara sonrió con alivio. ¡Ya estaba en los Estados Unidos! No sabía que lo más difícil estaba aún por llegar. Entrar había sido lo más fácil.

Empezó a buscar trabajo, pero fue muy duro. Apenas tenía dinero; no conocía a nadie, ni hablaba inglés –ya se esforzaría en aprenderlo lo más rápido posible–; pero lo más importante era que no tenía papeles. Zumara había pensado que, si era buena para hacer algún trabajo, seguramente la falta de papeles no importaría tanto, pero se equivocaba. Aunque en muchos sitios no tenía mayor problema si no hablaba inglés; con los papeles no pasaba así. Cuando se los pedían y ella contestaba que no tenía, la situación cambiaba. Le daban las gracias con una sonrisa forzada y le mostraban la puerta.

No encontraba el trabajo que necesitaba con tanta urgencia. Debía enviar dinero a sus padres, y debía hacerlo muy pronto, pues ellos eran mayores y ya no trabajaban; urgía que recibieran dinero para pagar la casa y la comida de su niño, al que extrañaba siempre. Fue una época muy difícil; nada era como Zumara había imaginado y cada vez que le negaban algún trabajo, comprobaba una y otra vez que los papeles eran sumamente importantes. Sin ellos, sus opciones estaban muy limitadas, a pesar de que sabía desempeñarse muy bien limpiando cocinas, –sobre todo en restaurantes hispanos– y también hacía manicura o cortaba el pelo a domicilio. Pero todos eran trabajos mal pagados; siempre mal pagados, por muy bien que los hiciera.

Todos los días hablaba con su hijo, que le decía que quería venir para estar con ella. Era lo más duro. ¿Cómo iba a traerlo? Estaba indocumentada, y no quería que su hijo entrara ilegalmente como había hecho ella, era demasiado peligroso. Así que todos los días ella le prometía que lo traería "pronto", muy pronto, pero todavía no.

LLAMADAS DIARIAS A SU HIJO

Pasaron los años. Zumara seguía trabajando de manera ilegal en lo que podía. Malos trabajos con peor paga. Seguía llamando todos los días a su hijo y le preguntaba cómo estaba, qué tal le iba en la escuela, quiénes eran sus amigos; en fin, platicaban de cualquier cosa. Él era feliz con sus abuelos, que para el niño eran casi como unos padres; pero extrañaba muchísimo a su mamá. El niño se había ido convirtiendo en un adolescente. "Tal vez será mayor de edad cuando vuelva a ver a mi hijo", pensaba ella con desconsuelo.

Uno de los principales trabajos de Zumara era limpiando casas. Al principio limpiaba pisos, no más grandes que en el que vivía ella misma, de mujeres hispanas que sí habían progresado, por lo menos lo suficiente para tener alguien que hiciera el quehacer de la casa por ellas. Poco a poco se corrió la voz y Zumara fue mejorando, tenía más conocidos y la llamaban cada vez más.

Un día empezó a trabajar para una familia estadounidense. Luego para otra. Al final, llegó el día que la mejor casa que limpiaba tenía hasta una alberca. El dueño era un hombre con dinero y parecía simpático, aunque apenas coincidían y se veían poco, porque cuando ella llegaba a limpiar, él se iba a su trabajo. Pero después, Zumara se dio cuenta de que, cuando ella llegaba, él se quedaba cada vez más tiempo. Al principio pensó que era porque no se fiaba de ella y, quizás, comprobaba que no robaba nada. Luego, se dio cuenta de cómo la miraba. Finalmente tuvo una relación con él y quedó embarazada.

UN NUEVO EMBARAZO

De nuevo se repitió la historia, aunque lógicamente con algunas diferencias. Cuando le dijo que estaba embarazada, el hombre no quiso saber nada. Siquiera no la amenazó ni le pegó, simplemente cortó toda la relación. Ella no podía hacer absolutamente nada, ni se atrevía tampoco a demandarlo, porque como ella era una inmigrante ilegal tenía miedo de todo lo relacionado con el mundo judicial, no tenía dinero y no quería pensar en abogados. Pero también decidió: "Pase lo que pase, no voy a abortar."

Tuvo una niña y, también, tuvo que trabajar más. Una nueva boca que alimentar. Cierto, su hija había nacido en los Estados Unidos, pero hasta que cumpliera veintiún años no podría pedir la residencia para Zumara. Faltaba muchísimo tiempo para eso, así que tendría que seguir con los trabajos mal pagados. Cuando salía a trabajar, dejaba a la bebé al cuidado de sus compañeras de piso, pues no podía permitirse el lujo de una guardería, ni de una canguro. Esto le saldría carísimo, pues Zumara trabajaba muchas horas y regresaba a casa cuando ya era de noche. Las mujeres con quienes compartía el departamento estaban más o menos en la misma situación y con lo que ganaban apenas les alcanzaba para vivir. Al cabo de unos meses, al marcharse una de ellas, tuvieron que rentar la habitación que había quedado libre.

El hombre que la ocupó era un desconocido. A Zumara no le gustó su aspecto; pero sabía que no podían permitirse el lujo de tener un cuarto vacío, pues el casero les había vuelto a subir el alquiler. Ella sospechaba que le pagaban demasiado; pero, como se aprovechaba de que todas eran inmigrantes ilegales, no podían hacer nada. No había remedio: de nuevo su situación ilegal le estaba pasando factura. De cualquier forma, eran cuatro mujeres compartiendo el piso y las demás no dijeron nada en contra del nuevo compañero, así que le rentaron la habitación para completar el aumento.

EL NUEVO INQUILINO

Semanas después, comentaban que había sido una buena idea, porque ese hombre ayudaba mucho en la cocina, limpiaba la parte que le correspondía sin quejarse. Incluso, a veces se quedaba con la niña pequeña cuando la mujer que debía cuidarla –se turnaban– tenía que salir por algún trabajo que le hubiera surgido en el último momento.

Todo resultó mal. No sospechaban que aquel hombre callado y servicial era una mala, muy mala persona. Había estado en la cárcel varias veces por diferentes motivos, pero todos sexuales. Abusó de la hijita de Zumara durante mucho tiempo hasta que ella se dio cuenta de que algo estaba sucediendo con su pequeña. Desde que el hombre entró a vivir con ellas, el carácter de la niña había cambiado: apenas hablaba, no miraba a los ojos; todo el tiempo se veía asustada y estaba muy temerosa de cualquier cosa; mentalmente estaba muy afectada. Cuando Zumara descubrió la verdad, inmediatamente llamó a la policía, aunque sabía que estaba en situación ilegal y corría peligro de que la expulsaran del país; pero su hija era lo más importante.

Fueron los peores días en la vida de Zumara. Todo se precipitó. Tuvo que hablarle a la policía, acudir a servicios sociales y de ahí la mandaron con a varios médicos. Vinieron entonces trámites y entrevistas con muchas personas, había que acudir a otras oficinas. Zumara estaba perdida y muy angustiada. Pero entonces, le dijeron que acudiera al C.P.S. o Child Protective Services –Servicio de Protección de Menores–, donde le indicaron que tenía que buscar un abogado.

¿EN PELIGRO DE SER DEPORTADA?

Zumara se temió lo peor. Al escuchar la palabra "abogado" empezó a temblar: "Inmigración me va a deportar. ¿Y qué va a ser de mi hijita? ¿Se la podrán llevar?". No se atrevía a continuar con los trámites hasta que alguien la tranquilizó:

–No, señora, cálmese, no es lo que usted piensa.

–Pero, ¿me pueden quitar a mi niña?

–No, nadie se la va a quitar. Es cierto que usted está en una situación irregular y esto puede traer consecuencias. Pero, trataremos de que todo salga bien.

Ella no se calmó del todo, pues sabía que la podrían deportar en cualquier momento; pero tal vez, pensó, podría haber una posibilidad, aunque fuera muy lejana, de que las cosas salieran bien, mejor que bien.

En alguna oficina de las tantas que visitó, le explicaron que podía solicitar un documento llamado una Visa U, que se otorga a las personas (y a sus familiares directos) que han sufrido un abuso físico o mental importante mientras se encuentran en los Estados Unidos y que también hubieran colaborado con la justicia. Eso era exactamente lo que les había pasado a su hija y a ella.

Al principio Zumara se mostró reacia y no quería actuar. Tenía sentimientos contradictorios, pues, de alguna manera pensaba que ella misma se estaba aprovechando de la desgracia de su hija para conseguir la residencia. Esto no le parecía nada bien. Dudaba y se resistía a actuar y, luego, se convencía a ella misma de que sí debía continuar con el proceso. Por fortuna, sus amigos y sus padres la convencieron: le insistieron en que no había nada de malo en solicitar la Visa y le dijeron que eso le iba a cambiar la vida. Al final se dio cuenta de que era lo correcto y buscó abogados especializados en temas de inmigración. Finalmente, logró tener contacto con nuestro bufete.

MANUEL SOLÍS Y SUS ABOGADOS PRESENTAN PRUEBAS

Cuatro años después de haber aplicado para lograr el documento, después de mucho trabajo en los juzgados, presentando pruebas y explicando la situación al juez –al que hubo que convencer con base en todos los testimonios que pudimos reunir–, nuestra clienta empezó a ver la luz. Esa misma tarde, llamó a su hijo por teléfono, como todos los días.

La conversación comenzó como otras muchas que habían sostenido a lo largo de los años, Zumara le preguntó por la escuela, por los tíos, por los abuelos; en fin, lo de siempre. Y, ya cuando se iban a despedir, su hijo volvió a preguntar:

–¿Cuándo nos veremos, mamá?

Por primera vez Zumara sonrió al escuchar la pregunta. Nunca había podido dar la respuesta que iba a dar en esos momentos:

–Pronto, hijo, muy pronto. Ahora sí te lo aseguro...

Había conseguido la Visa U, la que, además de darle la residencia a ella y a su hija, le permitía traer a su hijo de Honduras, al que no veía desde hacía trece años. Por fin, iba a tener a su familia junta. Quedaron de encontrarse en el aeropuerto y los hermanos, se vieron por primera vez en la vida, por primera vez en persona. Y se echaron a llorar, abrazados a Zumara.

Ahora ella tiene un mejor trabajo como asistente de salud a domicilio y, con ello, un mejor futuro, Lo más importante para Zumara fue que pudo cumplir su promesa y traer a su hijo. De una desgracia terrible había salido, sin embargo, algo bueno, gracias a que contó con la ayuda legal adecuada.

JORGE

Jorge es originario de un pueblo pequeño llamado Tlapala, del municipio de Huitzuco, en el estado mexicano de Guerrero. Nació el 6 de octubre de 1967 en el seno de una familia muy pobre y muy trabajadora, como muchas de las que habitaban en ese mismo sitio. Su padre, Eusebio, trabajaba en el campo de sol a sol, mientras que su madre, Rita, se ocupaba del hogar. Jorge era el mayor de cuatro hermanos y dos hermanas. Vivían en una pequeña choza, de otate con piso de tierra y con techo de palma, como muchas otras de esa zona. Podría decirse que la familia de Jorge era una verdadera muestra de la vida rural en los años 60.

Como era costumbre, Jorge comenzó a trabajar a muy temprana edad y, como otros niños, tuvo que hacer a un lado los juegos infantiles. Así, con tan sólo 7 años, se convirtió en el principal apoyo económico para el sustento de su familia. Como tantos otros campesinos mexicanos, su padre se fue a trabajar a los Estados Unidos con la promesa de enviar dinero. Así lo hizo al principio; pero, al poco tiempo, las remesas dejaron de llegar. También dejó de comunicarse con Sara, su esposa. Los había abandonado.

El trabajo de Jorge se volvió entonces más importante: tenía que ganar dinero para ayudar económicamente a su mamá; la familia tenía que sobrevivir. Todos los recursos eran buenos: estaba la venta de huevo, la engorda de gallinas y la cría de puercos, que sacrificaban para vender su carne y así tener dinero para cubrir otros gastos.

La infancia de Jorge transcurrió rápidamente entre la escuela primaria y sus trabajos en el campo; casi no tuvo tiempo libre ni menos aún tiempo para juegos infantiles. Todas sus fuerzas las gastaba en ayudar a su familia. A pesar de ser tan pequeño para toda la responsabilidad que le cayó encima, tenía muy claro que era indispensable su trabajo en el campo y que, además, debía seguir estudiando para poder superarse.

AL ABANDONAR LA SECUNDARIA

Pasaron los años; años de intenso trabajo en contacto con la tierra y los animales; y Jorge también siguió yendo a la escuela. Como podía, cumplía con sus deberes en las noches, iluminando sus tareas con la raquítica luz de una lámpara de petróleo o de unas velas. Siempre le había gustado la escuela. Por eso, sintió que había caído en un pozo sin fondo cuando se enteró de que tendría que abandonar la secundaria para dedicarse de lleno al campo. Simplemente no alcanzaba el dinero de la familia para que continuara estudiando. Jorge apenas acababa de cumplir los 18 años.

Decidió buscar trabajo en los alrededores; primero en su pueblo y luego en otros lugares cercanos. Después se fue a algunos poblados del estado de Morelos para trabajar, igualmente, en el campo. Fue en esos lugares donde empezó a oír que muchos campesinos se iban a los Estados Unidos y que luego regresaban con bastante mercancía, con ropa diferente y cosas nuevas; los veía muy cambiados. Pensó que era una buena oportunidad para él: "Yo me puedo ir a los Estados Unidos. Si trabajo aquí, igual allá, también puedo ir a trabajar en el campo." Tal vez, la idea de Jorge era quizá demasiado romántica, pues creía que sería un trabajo igual o hasta más fácil del que hacía en México y, seguro, estaría mejor pagado. Era como si se fuera a sacar la lotería.

Jorge, entusiasmado con lo que había oído, regresó a Tlapala, a platicar con Sara y a contarle su idea de ir a los Estados Unidos. Pero ella era una persona mucho más realista y, como madre protectora, se opuso terminantemente. Tras una semana de insistencia, Jorge consiguió que su madre aceptara y que, por fin, le diera su bendición.

El muchacho había juntado dinero para el viaje y sucedió que Aurelio, un robusto señor de unos 50 años, vecino de Jorge, al enterarse de su proyecto, le propuso que fuera con él a los Estados Unidos. Sólo tendría que pagar el pasaje, le dijo. Cuando Aurelio le preguntó a Jorge si estaba dispuesto a caminar mucho y, sin darle importancia, Jorge contestó que sí. No sabía qué significaba eso, pero confiaba en su vecino y no hizo muchas preguntas más.

HACIA LOS ESTADOS UNIDOS

Aurelio originalmente había entrado a los Estados Unidos y decía que conocía bien todo por allá. Eso fue cuando se estableció el programa entre México y los Estados Unidos para los llamados "Braceros", en la época en que los agricultores y otros trabajadores mexicanos iban a trabajar en la cosecha de flores y naranja. De esa manera, los que entraban contratados con ese programa, iban, trabajaban un tiempo allá, ganaban dinero y regresaban tranquilamente a su lugar de origen. Esa era la imagen que tenía Jorge de la aventura que le esperaba. Todo así de fácil.

Como Aurelio entraba y salía con frecuencia de los Estados Unidos, era muy conocido y por eso se movía con seguridad para ayudar a pasar al "otro lado" a algunos jóvenes mexicanos. La aventura comenzaría en pocos días. Así, guiados por Aurelio, Jorge y otros 11 compañeros de diferentes rancherías, salieron rumbo a los Estados Unidos.

Empezaron el viaje en autobús, desde el rancho hacia el norte, hasta llegar a Miguel Alemán, Tamaulipas, ciudad fronteriza en la que se alojaron dos días en un hotel de mala muerte, esperando a la persona que los cruzaría y cuyo nombre nunca llegó a saber Jorge. Él no tenía idea de lo que estaba pasando, pero le pareció raro que todo se hiciera en secreto. Aurelio nunca les decía qué iba a pasar y era él quien se encargaba de arreglar todos los detalles.

Tenían que cruzar a través del Río Bravo, que afortunadamente en esa época del año no estaba muy crecido. Ninguno de los muchachos sabía bien por qué debían cruzar exactamente por donde decía Aurelio; pero ya era demasiado tarde para hacer preguntas y, mucho menos podrían cambiar de planes. Sólo tenían que obedecer. Jorge, aunque había pensado en un principio que aquélla era la forma "normal" de que entraran los trabajadores del campo, empezó a sospechar que algo raro había en toda esa operación. Algo no le acababa de gustar.

Cuando se sumergieron en las aguas, aunque poco crecidas, sintieron que había en el fondo ciertas corrientes que dificultaban el paso; además, estaban llenas de basura. El olor era insoportable y no se podía ver el fondo. Todos estaban temerosos, enfrentándose así a la incertidumbre de no saber lo que les podría pasar. Como todos, Jorge trataba de no caer y sentía un sinfín de cosas rozándole las piernas; no quería pensar en qué podría haber ahí debajo. Su temor más grande era contraer alguna enfermedad por culpa de tragar o tocar esas aguas. El olor le provocaba náuseas.

Una vez cruzado el río, los jóvenes llegaron a Roma, –en esa época un pequeño poblado de Texas–. Sin darles más explicaciones, Aurelio los condujo a una granja que tenía cimientos y paredes, pero no tenía valla. Todo le pareció extraño a Jorge y más aún cuando vio que, en el interior de la granja, había muchos carros abandonados.

–A ver –les dijo Aurelio–, acomódense por ahí. Aquí es donde vamos a dormir.

Y ahí, como pudieron, se tuvieron que acomodar dentro de los carros para protegerse del frío y para esperar que alguien fuera a conseguir comida.

SIN SABER QUÉ ESPERAR

Al día siguiente, Aurelio le dijo a la caravana que en dos días se irían de la granja. Jorge se sintió aliviado de tener esa tregua, porque no sabía muy bien qué les esperaba. Ya no tenía duda: lo que estaban haciendo no era "legal"; pero le pareció que podría ser algo común, porque así debían pasar todos. Y, estar rodeado de compañeros y sobre todo de Aurelio, que parecía saber muy bien lo que hacía, se tranquilizó un poco y sintió que se le renovaban las fuerzas. "Tengo que seguir."

Apenas dos días después, Aurelio les dio instrucciones:

–Ya nos vamos, muchachos. Tienen que llevar agua para el camino; pero acuérdense bien de no beber mucha, para que sus bolsitas les duren. El calor es duro y la sed aprieta, no se olviden...

No quiso decirles claramente lo que les esperaba para no desanimarlos; pero sí les advirtió que necesitarían racionar sus provisiones, pues también ésas tenían que durar. Todos obedecieron: llenaron de agua sus bolsitas, recogieron sus cosas y se dispusieron a emprender un camino incierto, pero prometedor.

Aurelio se guiaba por dónde estaba una luz que brillaba a la distancia y los dirigía hacia unas antenas que se veían a lo lejos. Había que hacer el trayecto únicamente de noche para no ser descubiertos. Durante el camino, Aurelio contó a los jóvenes que se habían quedado en aquella granja para ahorrar. Si no, hubieran tenido que pagar en los hoteles y se les hubiera acabado el poco dinero que les quedaba. Les dijo también que sabía que el viaje era difícil y que sentía que estuvieran padeciendo. En el trayecto les daba ánimos continuamente, hablándoles de cómo iba a cambiar su vida a partir de entonces.

Sólo caminaban de noche; las estrellas en el cielo eran su única compañía. En cuanto se metía el sol empezaban a andar y terminaban a las cuatro y media o cinco de la mañana. A esas horas, debían esconderse de nuevo y tirarse a dormir para reponer las fuerzas.

Otro inconveniente más fue que, cuando se desplazaban en la oscuridad, entre los matorrales del monte, y no había luz de luna, acababan raspados por las espinas de los nopales y de las ortigas. No podían ver dónde iban a pisar. Jorge tenía miedo de aplastar a una serpiente o a alguna alimaña venenosa y que ahí acabara su viaje. Sabía que, si tenía un accidente o le mordía algún animal, sería el fin de su viaje y posiblemente su vida.

Una de las cosas que más se le grabó a Jorge de todo ese interminable trayecto, fue la imagen de todos sus compañeros buscando agua. La sed era lo peor. El camino era muy difícil, muy duro y terriblemente largo; pasaban muchas horas sin ver un riachuelo o algún pozo, la única manera de conseguir agua. Cuando ya no había nada que beber, algunos hasta trataban de filtrar el agua de los abrevaderos de vacas con sus propios calcetines, para quitar cualquier resto de piedras y barro. Jorge trataba de aguantar la sed, pues sabía que, obviamente, ese filtro no era capaz de quitar las bacterias que se acumulaban en el agua sucia y caliente por el sol, por lo que muchos enfermaban. Había incluso quien prefiriera beber su propia orina.

AGUA SUCIA, GARRAPATAS Y AMPOLLAS

Las garrapatas eran especialmente molestas y peligrosas, ya que también transmiten enfermedades y, cuando se pegan en la piel, son tremendamente dolorosas y difíciles de quitar. A todos los viajeros se les pegaron garrapatas por todo el cuerpo. Llenos de ampollas, enfermos y casi sin aliento, llegaron por fin a un pueblito, donde Aurelio les buscó algo de comida y refrescos. Ese aliento los salvó en el momento oportuno, ya que muchos de ellos, incluido Jorge, estaban a punto de abandonarse en medio del desierto y dejarse morir. Ya no querían seguir adelante. Ya no tenían fuerzas.

Había que continuar. Después de haber descansado un poco y de haber tomado agua, reanudaron la marcha, con Aurelio al frente, como siempre, guiando al grupo durante la noche. Antes de que cayera totalmente el sol, Aurelio acostumbraba subirse a algún árbol para otear el horizonte y poder orientarse. Normalmente buscaba una luz lejana que pudiera verse bien en la noche cerrada, para que siempre supieran la dirección que llevaban. Así llegaron a otro pueblo.

LAS PATRULLAS DE INMIGRACIÓN

En ese nuevo pueblo consiguieron camiones –lo que fue un gran alivio–, apalabrados por Aurelio, que los llevaron aún más lejos, cerca de la ciudad de Houston. Ese último tramo fue especialmente difícil. Aurelio advirtió a los viajeros que estuvieran alerta, vigilando con sus cinco sentidos, y que no se acomodaran mucho para descansar. No podían dormirse.

Aurelio sabía que había patrullas de inmigración cerca de la ciudad y era el tramo más peligroso, porque ahí había más posibilidades de que fueran detenidos. Tuvieron suerte esa vez. Nadie los vio; nadie los detuvo y, por fin, llegaron a Houston.

Pero también hasta ahí había llegado la compañía de Aurelio.

–Yo ya no sigo… Hasta aquí llego yo. Desde ahora, cada uno se va por su lado. ¡Cuídense, muchachos!–, les dijo mientras se alejaba, agitando la mano en señal de despedida.

Afortunadamente, Jorge tenía a dónde llegar: a casa de un conocido de su padre, quien le dio alojamiento durante un par de semanas para que pudiera empezar a trabajar. Ese amigo de su padre era un hombre amable que buscaba siempre la forma de ayudar a los demás; por eso no dudó un instante en ofrecer cobijo a Jorge, que se fue recuperando poco a poco de las inclemencias de un viaje que había durado varias semanas. No tardó mucho en encontrar un trabajo de jardinero que le permitió empezar a ganar sus primeros dólares.

Pasaron unas dos semanas y, desde que ganó esos primeros dólares, Jorge sabía que debía buscar la manera de independizarse. El amigo de su papá le había insistido en que se quedara otro tiempecito; pero Jorge se daba cuenta de que, al tenerlo ahí podría incomodar un poco a la familia del hombre que había sido tan generoso con él. No queriendo imponer su presencia más tiempo del necesario, Jorge buscó unos apartamentos pequeños –de los que se pagan por semana– para empezar a vivir solo y buscarse su vida.

Al cabo de poco tiempo, Jorge comenzó a trabajar en algo relacionado con la construcción, porque ahí había más oportunidades de ser empleado y, además, pagaban mejor. Aunque no sabía nada de ese trabajo, tenía el propósito de aprender cualquier oficio de los que se necesitaban ahí. Lo que más motivaba a Jorge era que por fin había encontrado una vida estable, con un ingreso que le permitía vivir e incluso ahorrar algo.

Pero como era de esperar, Jorge no iba a poder evitar encontrarse con su padre algún día. Aunque sabía del abandono desde que era pequeño, su madre, Sara, siempre le había quitado importancia a ese hecho. No quería hacer sufrir a sus hijos y nunca les comentó lo que seguramente pensaba de la conducta de su marido. Jorge no le guardaba rencor, pero sí tenía muy claro que su padre había sido un hombre muy un egoísta, desde que era joven. Sin embargo, cuando se lo encontró en los Estados Unidos, la situación ya había cambiado. El padre de Jorge le aseguró que iba a regresar a México por su esposa, para que viviera en Houston. Fue una promesa que Jorge quería obligarlo a cumplir.

EL AMOR: UNA CHICA NORTEAMERICANA

Pero pasó el tiempo y no tuvo más noticias de él. Jorge seguía con su vida y un buen día se enamoró de una muchacha que era ciudadana americana. Apenas con 19 años, decidió casarse con ella. Eso le suponía una ventaja tremenda ya que la chica, como ciudadana americana, podía pedir la Residencia Permanente para su esposo y no le afectaría el tiempo que estuvo ilegalmente en el país, sólo podría llegar a afectarle el hecho de haber entrado ilegalmente; pero para esos casos hay atenuantes contemplados por la ley.

Una vez que Jorge cruzó a Ciudad Juárez para recibir su visa, entró por primera vez a los Estados Unidos como Residente Permanente y sintió, por primera vez, que la vida que le esperaba de ahí en adelante, iba a ser la que se había dibujado siempre en su mente, desde que era pequeño.

Así las cosas, Jorge siguió unido con su esposa; pero no podían ser felices; ambos querían hijos y no habían podido. Había algún problema médico con ella que le hacía perder todos los embarazos que lograba, uno tras otro. Esos problemas empezaron a desgastar la relación de la pareja. Apareció lo que es común en esos casos: discusiones, pleitos, culpas, frustración; en fin, ninguno de los dos tenía ya la misma ilusión que en un principio.

Pasó el tiempo y para Jorge venció el plazo de renovar su Residencia. Cuando la solicitó, estuvo muchas semanas esperando recibirla por correo; pero nunca llegó. Eso, al principio, puso un poco nervioso a Jorge, pero como jamás había tenido ningún problema con inmigración, le quitó importancia y se olvidó del asunto.

Al cabo de un tiempo, la pareja estaba ya muy distanciada, sobre todo, por la imposibilidad de tener hijos. Finalmente decidieron separarse y pensaron que era preferible que cada uno rehiciera su vida por su lado. Pero, Jorge no quería deshacer la relación sin antes tener en su mano la Residencia

Permanente, que supuestamente debía haber sido enviada por correo. Así que, de nuevo, trató de pedirla, en esa ocasión, a través de un notario. Y qué gran frustración sintió cuando le dijeron nuevamente: "Su Residencia no aparece por ninguna parte. Aquí no está. Búsquela en otras oficinas."

En 1989, apenas a la edad de 21 años y separado de su primera esposa, aunque no divorciado, Jorge se unió a otra mujer. Sin embargo, al seguir casado con su primera esposa y temiendo que su Residencia pudiera correr peligro si se divorciaba, llegó a un acuerdo con su nueva pareja: no se casarían por el momento. De esa relación nacieron dos hijos, Jessica y Erick, que al nacer en los Estados Unidos adquirieron automáticamente la nacionalidad americana.

UN ACCIDENTE DE AUTO

La vida siguió su curso y Jorge casi se había olvidado de su Residencia Permanente. Sus hijos estaban siendo criados prácticamente por su nueva pareja y él se dedicaba a trabajar todo el día para sacarlos adelante. Sin embargo, una fuerte depresión y las malas influencias de algunos compañeros de trabajo hicieron que Jorge perdiera el norte y empezara a beber y, lógicamente, a meterse en problemas.

En esa época Jorge fue detenido unas siete veces y sufrió varios arrestos, sobre todo por beber demasiado, pues para ese entonces ya no era capaz de controlar su alcoholismo. Los continuos problemas siguieron aumentando y la vida de toda la familia se hizo mucho más difícil. Hasta esa época había sabido sortear los arrestos; pero, en 2009, el destino y, obviamente el alcohol, le jugaron una mala pasada: tuvo un accidente de auto y, como ya no pudo arreglarlo como en ocasiones anteriores, acabó en la cárcel.

Jorge podía haber tenido una sentencia de 25 años; sin embargo, supo asesorarse y defender muy bien su caso. Al final, la pena se redujo a dos años; y, a su vez, éstos se redujeron a tan sólo un año por buen comportamiento. Ese tiempo, ayudó a Jorge a reformarse y, sobretodo, a alejarse del alcohol. En la cárcel lo asignaron a trabajar en la lavandería, donde además le pagaban por ello; un privilegio con el que pudo, incluso, guardar algunos dólares mientras esperaba su salida. Pero, sin duda, en la cárcel vivió Jorge los peores momentos de su vida. Privado de libertad, se dio cuenta de lo mucho que echaba de menos a su familia y, sobre todo, de los terribles tiempos por la que les estaba haciendo pasar. Finalmente, salió libre. Era un hombre totalmente cambiado.

PARA ARREGLAR UNA SITUACIÓN MIGRATORIA

A Jorge le extrañaba que, en todas las ocasiones que había sido arrestado e incluso estando preso, jamás le habían intentado deportar. Eso le pareció muy raro y lo achacó incluso a un golpe de suerte. Así, siguió su vida y empezó a pensar que ya era hora de arreglar su situación migratoria que, por alguna razón, había quedado en el olvido pues su renovación nunca había llegado. Así las cosas, la hija de Jorge, Jessica, que conocía la situación y las inquietudes de su padre, escuchó un comercial de nuestras oficinas por la radio. Explicábamos que, si un hijo tenía más de 21 años y era ciudadano norteamericano, el padre podría recibir una Residencia Permanente, si era el hijo quien hacía la petición. Así fue como Jessica le planteó a su padre la posibilidad de arreglar su problema migratorio. Decidieron, de una vez por todas, enfrentar directamente el estatus migratorio de Jorge y, así, se acercaron a nuestras oficinas.

Cuando nos plantearon el caso, nos pareció muy extraño. Jorge venía a hacer una petición por medio de su hija y, en principio, ésa era una posible opción para él. Pero cuando nos contó que nunca le había llegado la Residencia, empezamos a interesarnos más y nos preguntamos qué le habría podido pasar a ese documento. A fin de cuentas, si se localizaba, no haría falta hacer una nueva petición, lo que le ahorraría mucho tiempo y dinero. Jorge ya casi se había olvidado de ese documento perdido, puesto que habían pasado más de 25 años. Suponía que esa Residencia tal vez ya no sería válida.

Lo primero que hicimos fue pedirle sus huellas para iniciar la investigación sobre el caso. Sabíamos que con ellas seríamos capaces de saber, al menos, dónde estaba esa Residencia Permanente y si la podríamos recuperar. Al poco tiempo de empezar la investigación, encontramos que el caso, que efectivamente tenía más de 25 años, estaba en el Distrito 8. Para nosotros fue un alivio haber encontrado la pista, pero aún había mucho que hacer. Mandamos a alguien del equipo a Dallas para rastrear la pista del documento que se resistía a aparecer. Aunque nos llegaron a cerrar las puertas en varias ocasiones, sabíamos que ésa era la mejor forma y la más rápida de ayudar a Jorge. Al final, después de mucho indagar, encontramos su Residencia en la zona Del Valle, Texas.

MANUEL SOLÍS Y SUS ABOGADOS LOCALIZAN DOCUMENTOS

Encontrar un documento con tanta antigüedad es algo realmente difícil; sin embargo, debido a la gran importancia que tenía para Jorge, nuestro despacho puso todo su empeño en lograrlo. En algún momento, la oficina completa se involucró en ese caso y, cuando sostuve el documento en mis manos, reconozco que me embriagó una emoción muy especial. Le preparamos una pequeña sorpresa con ayuda de su hija y de su pareja. Cuando llegó a casa, le sirvieron en la mesa, como de costumbre, su plato de comida. Se sentó en su lugar de siempre y, mientras estaba comiendo, como sin darle importancia, le dijeron: "Mira lo que hay ahí, en ese sobre". Cuando Jorge abrió la carta se le llenaron de lágrimas los ojos. Tenía en sus manos la Residencia Permanente perdida hacía más de 25 años. Estaba feliz, no sólo porque ya no había que hacer ninguna petición y esperar hasta que hubiera una visa disponible, sino por la alegría que le había dado saber que, durante todo ese tiempo, había estado de manera legal en los Estados Unidos.

El padre de Jorge nunca cumplió su promesa de traer a su madre a los Estados Unidos y eso era algo que lo amargaba mucho. Sabiendo Jorge que ya tenía una Residencia Permanente en regla, aprovechó para hacerse otra promesa, esa vez a sí mismo: intentaría traer a su madre a los Estados Unidos con él. Así las cosas, salió del país para regresar a México y poder traerse a su querida madre, cumpliendo la promesa que su padre nunca convirtió en realidad. Su plan era bien sencillo, traer a su madre como turista y, una vez aquí, pedir la ciudadanía, pues como ya habían pasado más de 25 años, él podía suscribir a su madre en sus preferencias y pedir una Residencia Permanente para ella.

Cuando aterrizaron a las 7 de la mañana en el aeropuerto Hobby de Houston, sólo habían tomado un café. Y nada más, desde entonces. A Jorge le preocupaba que su mamá no hubiera desayunado. Llegaron al punto de entrada de inmigración y el pasaporte de su mamá fue revisado y aceptado sin mayor problema. Cuando entregó el suyo, a la oficial de inmigración le cambió la cara.

–Usted no puede pasar, tiene que venir conmigo –le dijo reteniendo sus papeles.

–Pero… ¿Por qué? Si mis documentos están en regla – exclamó Jorge.

LA MADRE DE JORGE LLEGA A HOUSTON

La oficial no le contestó. En ese instante todo se precipitó. Lo tenían que escoltar a otras dependencias. A él se le cayó el alma a los pies, no sólo porque no sabía lo que estaba pasando sino porque, en esa ocasión, su madre se encontraba sola en el punto de entrada. Dependía de él para saber a dónde ir. No hablaba inglés. Sara era una mujer mayor. No podría estar mucho tiempo esperando a que se solucionara el problema, cualquiera que fuera lo que migración tenía pendiente con él.

Muy respetuosamente pidió a los oficiales:

–Por favor, señores –suplicó– dejen que pase mi madre. Su

pasaporte no tiene ningún problema y ella es una mujer mayor. Alguien va a estar esperándola al otro lado de la salida.

Después de un buen rato de rogarles, accedieron por fin. En esos momentos, Jorge estaba solo, desorientado; no sabía qué hacer. Pensó que su pasado con acusaciones y varios delitos podrían tener algo que ver con la negativa de dejarlo entrar a los Estados Unidos. Llegó un momento en que su desesperación fue tanta que eligió no pensar en nada. Respiró hondo y se dispuso a esperar a que le dijeran lo que pasaba.

No sabe cuánto tiempo transcurrió. Después de un buen rato, Jorge fue conducido a un cuarto donde había algunos refrescos y snacks junto a un microondas. Le dijeron que podía comer algo, ya que tenían que solucionar un "problemita" con su documentación; pero que se todo iba a solucionar. El tiempo seguía pasando; una hora y otra y otra más. Al cabo de cuatro horas, aún no sabía nada.

Desesperado y muy inquieto, pensaba que lo iban a detener y enviar de nuevo a la cárcel. Desde su primera experiencia, regresar a una prisión se había convertido para Jorge en una verdadera paranoia y estaba realmente aterrado con la idea de volver a la cárcel. Decidió hablar con uno de los oficiales que estaba fuera del cuarto y le suplicó que, por favor, lo regresara a México. Los oficiales le pidieron que se calmara y que esperara para conocer cuáles eran sus opciones. Después de esperar ocho horas interminables, el oficial que había estado con su caso se despidió de él y le informó de que, posiblemente, tendría que presentarse ante un juez.

–¡Buena suerte!–, le gritó al alejarse. Pero no dijo nada más.

Dos horas más tarde, un par de agentes de ICE aparecieron en la habitación donde había estado Jorge detenido durante más de unas 10 horas. Tras presentarse, otros oficiales procedieron a esposarlo. A Jorge ya no le quedaba ninguna duda de que el día acabaría mal. Lo que no sabía era la razón por la que lo estaban deteniendo, pues ya había pagado por sus delitos y nunca más se había metido en problemas. Tampoco sabía lo que habría pasado con su madre, aunque confiaba totalmente en que su hija y su pareja la habrían recibido a la salida y seguramente ya se habrían ido del aeropuerto en espera de noticias.

Aunque Jorge insistía con los agentes y les preguntaba una y otra vez la causa de su detención, ellos no respondían a sus preguntas. No sabía si no querían hacerlo o simplemente si ellos tampoco sabían cuál era la situación en la que se encontraba. Lo subieron a una camioneta y lo trasladaron desde el aeropuerto Hobby hasta el aeropuerto George Bush Intercontinental donde lo volvieron a meter en una habitación, donde estaba el control de aduanas del aeropuerto. De nuevo, los agentes le dijeron a Jorge que no sabían nada y se despidieron de él sin más.

NERVIOS E INCERTIDUMBRE

Al poco rato de estar en esa habitación, sin haber dormido y ya con hambre, le llevaron dos platos de comida. Una vez que acabó de comer lo poco que pudo –casi no podía tragar bocado–, presa de los nervios y la incertidumbre, aparecieron dos agentes que lo volvieron a esposar para, de nuevo, trasladarlo una vez más. Jorge estaba vencido; ya no quería pensar... Fue conducido directamente al Centro de Detención Greens, donde le entregaron un traje de reo y le ordenaron hacer fila. Jorge ya no sabía qué creer, pues todo parecía indicar que lo estaban metiendo de nuevo en la cárcel. Pero esa vez había una diferencia: realmente él no sabía de qué lo estaban acusando. "¿Por qué me está pasando esto?".

Los oficiales encargados del centro de detención lo trataron como un delincuente. Le hacían bromas acerca de su "nuevo hotel", que terminó siendo una jaula donde se hacinaban más de 30 personas.

Jorge tuvo la oportunidad de hacer una primera llamada, después de dos días de estar en el centro de detención y, como podía hacer sólo una, decidió llamar a nuestras oficinas. Nosotros no sabíamos nada de ese asunto y en cuanto nos llamó nos pusimos en marcha para aclarar su situación.

Nos enteramos que los servicios de inmigración pretendían retirarle la Residencia Permanente por los delitos que había cometido en el pasado. Y, aunque habían sido pagados con su estancia en la cárcel, podrían suponerle la deportación y la pérdida de su Residencia. Así las cosas, nuestro equipo se puso en marcha para recabar toda la información necesaria para poder pelear su caso en corte.

POR FIN: RESIDENCIA PERMANENTE

Después de siete meses de intenso trabajo y delante de un juez, demostramos que Jorge se había reformado y que buscaba vivir en paz, trabajar y luchar por su familia. El juez nos dio la razón y Jorge pudo conservar su Residencia Permanente.

Ahora Jorge ya vive tranquilo; sabe que ha pagado con la justicia por los delitos que cometió y ha obtenido la protección de un juez frente a Inmigración, que pretendía anularle su Residencia Permanente. Por los años que lleva en el país, Jorge podrá pedir la Ciudadanía Americana y, así, podrá también solicitar una Residencia Permanente para su madre y para su pareja, con la que se casará una vez que haya obtenido el divorcio de su primera esposa.

Esta historia, como muchas otras que hemos escuchado y atendido como abogados, nos conmueve y nos llena de inspiración para seguir luchando por las familias de inmigrantes.

Recomendaciones – Inmigración

¿Cuáles son mis derechos si ICE me ha arrestado o detenido?

1. Usted tiene el derecho de permanecer en silencio y debe pedir hablar con un abogado.

2. No firme nada sin antes hablar con un abogado.

3. Obtenga el nombre y el número de teléfono del oficial de inmigración que está trabajando en su caso.

4. No firme una orden de "salida voluntaria" ni una "orden de expulsión."

5. Solicite una audiencia con un Juez de Inmigración. Usted tiene derecho a un abogado en los procedimientos de inmigración, pero el gobierno no tiene que pagar por el abogado.

6. Mantenga la calma y no mienta o dé documentos falsos al oficial de inmigración.

¿Qué debo hacer si soy víctima de de un crimen en los Estados Unidos?

1. Debe reportarlo inmediatamente a la policía.

2. Debe cooperar con la policía.

3. Hable con un abogado porque es posible que califique para la Visa U, dependiendo del crimen. Si califica, pueda arreglar su residencia permanente.